Alexander Neufeld

Ich, Jesus, der Menschensohn

Biblische Erzählung

AF280018

Alexander Neufeld

Ich, Jesus, der Menschensohn

Biblische Erzählung

BoD Norderstedt

Bibliografische Information
Der Deutschen Bibliothek
Die Deutsche Bibliothek verzeichnet diese
Publikation in der Deutschen Nationalbibliografie;
detaillierte bibliografische Daten sind im Internet
über http://dnb.ddb.de abrufbar

1. Auflage 2011
ISBN 978-3-8423-5910-9

Herstellung und Verlag
Books on Demand GmbH, Norderstedt

Zum Geleit

Als katholischer Autor verstehe ich es als meine Pflicht, den Menschen, Jesus, unabhängig vom dogmatischen Wunderglauben real und zeitnah darzustellen. Die Vorgehensweise der allgemeinen christlichen Ausrichtung lässt nach heutigem Maßstab kaum kritische Aspekte zu, um von der menschlichen Natur auf eine reale Begebenheit zu schließen. Unabhängig vom Wunderglauben erschließt sich jedoch eine Botschaft, die in ihrer Intensität stärker noch als in der Glaubensauslegung Inhalte wahrheitsgemäß und zeitlich relevant verkündet. Die Frage der Auferstehung wird zu einer Frage des Geistes, zu einer Frage der Einstellung und des Wortes in uns selbst. Anders als in der theologischen Erörterung habe ich versucht, die Umstände und Beweggründe so einzufangen, dass sie dem Leser ein mündiges, kritisches Urteil abverlangen. Die einzelnen Schritte bis zum Wendepunkt und der Sehnsucht nach Erlösung kennzeichnen zwei Wege in einem Leben, das keine Tabus erlaubt. Ich möchte mit Ihnen einen Pfad beschreiten, der sie offen macht für einen menschlichen Jesus, einen Menschen aus unserer Mitte, aus uns selbst. Die Perspektive, die ich ihnen biete, ist der Ausblick auf einen Mann, der authentisch und wissentlich sein eigenes Leben verwirklichte. In der Notwendigkeit der Wiedergutmachung gegenüber dogmatischer Grundsätze der Glaubensauslegung verstehe ich die folgenden Seiten als ein Aufruf zur Diskussion. „Ich, Jesus, der Menschensohn" dient als eine Verbindung zwischen realer und religiöser Akzeptanz.

A. Neufeld

Und es geschah zur nächtlichen Stunde, da tötete der Mächtige alle Erstgeburt im Land am Nil. Vom Erstgeborenen des Pharao, bis zum Erstgeborenen des Geringsten, auch alle Erstgeburt des Viehs. Da erhob sich der Pharao und mit ihm alles heimische Volk im Land Ägypten und es ertönte ein großes Geschrei, denn es gab keinen Ort, an dem nicht ein Toter war. Und er rief nach Mose und Aaron und sprach: „Geht und verlasst das Land, denn es ist Blut an euren Händen. Zieht fort aus der Mitte meines Volkes, sowohl ihr als auch die Kinder Israel, und der Gott eures Wortes, der euch dazu bemächtigte. Geht und nehmt mit vom Vieh, wonach ihr verlangt, als auch vom Reichtum meines Landes."

Und ganz Ägypten bedrängte sie, möglichst schnell das Land zu verlassen, denn es war sich gewiss der Blutgier ihres Gottes.

Und die Väter fanden das Wort. Und das Wort wurde zu ihrer Klage und ihre Klage behauptete sich in Gott, der nicht gewahr nahm, der Versuchung in seinem Namen zu vergeben. Das Wort der Väter aus dem Mund des einen angefacht im schlichten Wunderglaube an die Himmelsfeuer, die es vollbrachten unter falschem Namen, bedacht auf seiner Huldigung im Sternenbanner Nacht. Das Opfer der Kinder, der Erstgeburt eines Volkes, vermischt im Tränenblut ihrer Mütter, vom Willen eines Menschen benetzt, der sie opferte in seinem Wahn und im Namen Gottes unter dem Jubelschrei der Väter, die es vollbrachten. Doch dieses Bild ist nicht das Wunder des Vaters. Dieses Bild ist das Handwerk der Väter, die es nicht anders verstanden, als mit Blut das Bild des allmächtigen Vaters zu entweihen. Mögen sie schweigen, denn es lastet Blut an ihren Händen und ihr Glaube ist die Verkennung im Vater, in Gott.

Ich, der Menschensohn, habe ihren Glauben vernommen. Ich, der Menschensohn, habe ihren Anblick gesucht und gefürchtet. Ich, der Sohn, finde Halt im Vater, dem unbegreiflichen, dem unbenannten, nicht wissentlichen Wort der Naturen. Der eine Vater, der ungleich der Sterne aus sich selbst als Kleinstes das Größte erschaffend und als Größtes das Kleinste erblickend, zu Tage als Nachtlicht und in den Nächten als Taglicht aus einem Geist entfacht. Ich, der Sohn, finde Halt im Vater. Möge mein Wort verkünden die Herkunft des unbegreiflichen Gottes. Möge mein Geist das ewige Leben erfahren im Glauben an den unbenannten Gott.

Wer verschüttete seinen Schmerz um meinetwillen? In den Tagen des Herodes, des Königs von Judäa. In den Tagen des Priesters Zacharias und seiner Frau Elisabeth, die nicht habhaft wurden der Frucht des ungeborenen Lebens, wonach sich ihre Herzen vor Gottes Anblick verzehrten. In diesen Tagen vernahm auch Maria das Wunder, das ihnen widerfahren war durch den Engel des Herrn, durch die Gnade Gottes. Das Los des Höchsten und das Rauchwerk im Tempel von der Hand Zacharias angefacht und die eine Bitte an Gott, um ein Leben zum Gedenken an den eigenen Namen. Und der Rauch belebte den Tempel und das unbekannte Gewicht des Engels vernahm die Worte und konnte sein Angesicht vor Zacharias verbergen. Schmerz und Hoffnung durchwebten das Herz des Priesters. Und der Engel ging ein in das Haus, in dessen Räumen Elisabeth mit geschlossenen Augen und gespreizten Beinen den Samen des Engels, des Mannes, empfing. Schmerz und Hoffnung durchwebten das Herz des Priesters. Doch der Rauch im Tempel verbarg das Gesicht des Engels, dessen einziges Wort „Johannes" die Stille schwer durchströmte. Als der Tag sich neigte und der Dienst am Gott verrichtet war, da verweilte der Schmerz noch immer im Herzen, im Tempel des Zacharias. Und als das Volk den Namen des Priesters rief, da sprach er zu ihnen unter Tränen vom Wunder des Heiligen Geistes. An diesem Tag wurde Elisabeth schwanger durch den Engel des Herrn, dessen Gesicht ihr verborgen blieb. An diesem Tag wagte sie es nicht, das Opfer des Zacharias zu entweihen.

Und Maria war jung und unberührt und der Same Josefs war träge geworden über die Jahre seines Lebens. Und Elisabeth hatte Mitleid mit Maria, da ihr Blut sie verband, und sie ging ein in den Tempel und hoffte auf das Ohr des Engels, indem sie Gott um Gnade für Maria bat. Und der Engel erhörte das Flehen der Schwangeren und zog hinaus in das Haus Josefs, wo Maria das Angesicht des

Engels vernahm. Doch die Frau wurde bestürzt durch das Wort des Mannes und zugleich gewahr der Hoffnung auf ein Leben in ihrem Schoß. Und sie fürchtete sich nicht, denn sie hatte die Gnade Gottes empfangen und wurde schwanger an diesem Tag durch den Engel des Herrn, durch den Samen des Mannes. Und das Wort Gottes richtete sich an Josef, der voller Ehrfurcht dem Mann huldigte, der gottgeweiht vor seinem Tagewerk stand. Und das Wort war voller Kraft und Überzeugung und Josef schenkte Glaube dem Mächtigen, der es aussprach, dass er heimging und eindrang in Maria, um die Weissagung des mächtigen Engels zu beleben. Doch Josef erkannte den Trug, denn Maria war nicht unberührt unter ihm, doch die Furcht vor Gott, dem Mächtigen, ließ ihn innehalten, seine Entdeckung aus dem Herzen zu befreien. Und der Engel des Herrn verbarg so sein Gesicht, dessen einziges Wort „Jesus" die Stille schwer durchströmte.

Tage und Nächte vergingen im Namen des Herrn und Josef verspürte den Schmerz in seinem Herzen und den Groll auf sein Weib, die den Samen des Mächtigen in ihrem Schoß geborgen hielt. Und der Donner des Sturms herrschte im Haus des Zimmermanns und Maria hoffte auf Gott und vertraute auf die Weisung des Engels, der ihr gebot zu leben um das Wunder der Geburt. In diesen Tagen machte sie sich auf und ging in Eile ins Gebirge, in eine Stadt Judas, in das Haus des Zacharias, um bei ihrer Verwandten Elisabeth Zuflucht vor dem Sturm zu finden. Und es geschah, als Elisabeth den Gruß der Maria hörte, dass Zacharias in den Tempel ging, um Rauchwerk vor dem Herrn, seinem Gott, zu opfern. Und der Rauch durchdrang den Tempel und der Engel vernahm die Sorge des Zacharias um sein Ansehen im Volk. In dieser Stunde wurde Elisabeth erfüllt mit dem Heiligen Geist Gottes, der durch ihren Mund Maria auftrug, das Haus des Engels zu betreten. Und das Opfer des Zacharias war gefällig im Sinne des Herrn und als Maria den Tempel betrat, da hörte sie die Stimme des mächtigen Engels, der zu ihr sprach: „Auserwählt bist du unter den Frauen und auserwählt ist die Frucht deines Leibes."

Und Maria sprach voll der Gnade: „Meine Seele

erhebt sich zum Herrn und mein Geist hat froh-
lockt über Gott, meinen Erretter."
Denn Großes hatte der Mächtige an ihr vollbracht
und heilig war der Geist des Engels.

Es geschah aber in jenen Tagen, dass der Zimmermann, übermannt von seinem Schmerz, Maria
vorfand in dem Haus ihrer Verwandten. Als jedoch der mächtige Engel von den Gegebenheiten
im Haus des Zacharias erfuhr, da zürnte Gott dem
Josef und ließ seine Macht mit geübtem Arm an
ihm vollführen. Denn Großes hatte der Mächtige
an Maria vollbracht und heilig war der Geist des
Engels. Und Maria blieb drei Monate im Haus des
Zacharias, bis der Zorn des Zimmermanns sich
entfremdet hatte und sie heimging unter dem
Schutz des Mächtigen, in die Obhut Josefs.

Für Elisabeth war aber die Zeit gekommen, in der
sie gebären sollte. Und sie gebar einen Sohn und
benannte ihn im Herzen nach dem Willen des Engels „Johannes". Als nun der achte Tag angebrochen war und es Zeit war, im Tempel den Jungen
zu beschneiden, da benannte Zacharias, der Vater,

den Jungen nach seinem eigenen Namen. Doch Elisabeth erschrak, denn sie wusste vom Willen des mächtigen Engels und rief voller Eifer den Namen des Johannes. Als jedoch ihre Verwandten den Ausruf vernahmen, da zürnten sie der Frau und geboten ihr zu schweigen. Doch Elisabeth zeigte sich unbeirrt, denn sie fürchtete den Zorn des Engels auch dann noch, als die Mutter des Zacharias ihr auftat, dass keiner in beiden Familien den Namen des Johannes trug. Zacharias jedoch, der die Bitte seiner Frau vernahm und sich an das Wort des Engels erinnerte, verlangte aber nach einer Tafel. „Johannes", schrieb er mit fester Hand und sogleich lobte er den Herrn und den mächtigen Engel, der das Wunder vollbrachte in Gottes Namen. Und die Kunde verbreitete sich über das Gebirge, bis in das Haus des Zimmermanns, dessen schwangere Frau Maria Anteil nahm am Geschehen ihrer Verwandten. Und die Kunde des mächtigen Engels durchdrang den Tempel, dass der Sohn des Zacharias bestimmt war zum Propheten, um mit Barmherzigkeit dem Geschick der Väter und ihrem heiligen Bund zu gedenken.

Und es geschah in jenen Tagen, dass Maria voll der Sorge die Niederkunft ihrer Frucht erwartete. Und sie bedrängte Josef gemeinsam mit ihr zum Tempel des Engels zu ziehen, um Beistand und Gnade vor Gott zu erflehen. Als Josef jedoch die Bitten seines Weibes vernahm, da hatte er Mitleid mit ihr und machte sich auf, um mit Maria die Niederkunft ihrer Frucht in der Stadt des Engels zu erwarten.

Und sie schritten voran und gingen des Weges, als die Weisung des Engels sich erfüllte und Maria in den Wehen lag. Und es waren Hirten auf dem Feld, die hörten die Stimme der Not und ihre Fackel leuchtete wie ein Stern und sie kamen eilig und fanden Maria und Josef und auch das Kind, das mit Maria noch verbunden war. Und die Hirten taten es wie bei den Lämmern auf dem Felde, aber Maria fürchtete sich, doch die Hirten hielten das Geschehene für ein Wunder, denn der Herr hatte ihnen zur rechten Zeit den Weg gewiesen, um die Herrlichkeit des Kindes zu preisen. Und Maria gebar einen Sohn und wickelte ihn in dürftige Windeln und die Hirten kehrten heim und priesen den Herrn, ihren Gott, für seine Gnade, die er den Menschen teilhaftig werden ließ. Maria aber bewahrte all diese Worte in ihrem Herzen. Gott hatte wunderbares an dem Kind vollbracht, denn auch Josef fand Gefallen an ihrem Sohn. So dankte auch er Gott in gleicher Weise, wie sie es in ihrem Herzen tat.

Als nun aber der achte Tag angebrochen war und die Zeit kam im Tempel den Jungen zu beschneiden, da wurde der Junge „Jesus" genannt nach dem Willen des Engels. Und Josef und Maria taten wie es im Gesetz des Herrn geschrieben stand, dass alle männliche Erstgeburt heilig war, um ein Schlachtopfer zu geben nach dem Gesetz des Herrn. Und sie opferten ein Paar Turteltauben und Blut des Lebens wurde um sein Wohl vergossen und die Schuld lastete auf sein Haupt, denn sie hatten Blut vergossen im Namen des Herrn. Denn so wie einst Mose das Blut aller Erstgeburt im Land Ägypten vergoss, vom Erstgeborenen des Pharao, bis zum Erstgeborenen des Geringsten, auch alle Erstgeburt des Viehs, so wurde das Unrecht im Namen Gottes verfehlt von der Hand eines Menschen mit dem Blut unschuldigen Lebens. Und der Engel der Macht war befriedigt und der Zimmermann, der den Sohn in seinen Händen hielt, war befriedigt und die Frau, die den Samen des Engels empfing, war befriedigt und der Gott des Blutes, angefacht aus dem fälschlichen Glauben der Väter, war befriedigt. Das Kind aber wuchs und erstarkte im Geist. Und es vernahm die Einöde des Menschen, der nicht verstand das stille Wort des wahren Gottes.

Und der Geist der Zeit und die Zeichen in ihren Gesichtern waren in diesen Tagen weit vorangeschritten. Und Johannes und Jesus verweilten im Tempel des Engels und sie erfuhren vom Wissen der Mächtigen und von den Worten Gottes, den alles Volk pries. Und sie traten gemeinsam zu gleicher Stunde herbei und lobten Gott, wie der Engel es ihnen lehrte und sie hörten von der Erlösung durch Gott, dessen Macht und Gnade über das Schicksal thronte. So vernahmen sie das Wort und sie glaubten und hatten Gefallen an dem Wort und an dem Engel, der es ihnen darbot mit heiligem Sinn.

Und die Jungen erstarkten in Gott und sie erkannten, dass die Tage weit vorangeschritten waren, denn es bedrückte sie der Blick ihrer Väter vor dem Ansehen des Volkes, das den Jungen wohlgefällig erschien. Und es erwachte der Tag und mit ihm der Geist der Weisheit und sie verstanden die Blicke ihrer Väter und vernahmen die Sorge ihrer Mütter, durch die Beschämung des Engels im Namen des Herrn. In diesen Tagen verweilte der Geist der Weisheit im Tempel und die Jungen forderten das Wort des Engels, der ihnen jedoch verschlossen blieb. Dieses war im zwölften Jahr des Jesus geschehen. Und der Zimmermann und sein Weib Maria waren besorgt und sie eilten zum Tempel und fanden den Sohn inmitten der Väter, wie es die Gewohnheit der Gelehrten war, indem er ihnen zuhörte und sie befragte.

Als aber der Zimmermann und sein Weib ihn sahen, da wurden sie bestürzt. Und Maria sprach zu ihm: „Kind, warum hast du das getan? Siehe, dein Vater und ich haben dich mit Furcht gesucht."

Und er erwiderte ihnen: „Was ist euer Verlangen, dass ihr mich suchtet? Seht ihr denn nicht, dass ich in meines Vaters Haus, dem Tempel des Engels, bin?"

Und alles anwesende Volk erstaunte, denn sie verstanden das rechte Wort nicht. Maria aber verwahrte all diese Worte in ihrem Herzen und hatte große Sorge um ihren Sohn. Und sie gingen zurück zum Haus des Zimmermanns und er war ihnen ein Untertan, um die Bitte der Mutter wegen, die ihm mit Verständnis und Worten von dem Sinn des Engels verkündete.

Als nun der Engel des Herrn im Tempel die Gefahr für sich vernahm, da ließ er Zacharias zu sich holen. Denn die Zeichen im Gesicht des Johannes waren in diesen Tagen weit vorangeschritten und der Engel drängte darauf, Johannes in die Obhut Gottes, in die Wüste des Lebens zu entlassen. Und Zacharias vernahm die Sorge des mächtigen Engels und er rief nach seinem Sohn und entsandte ihn in die Wüste, um zu leben nach dem Willen des Engels. So wurde aus dem Sohn des Zacharias der Prophet Johannes, dessen Wort der Verkündung durch die Wüste drang, um zu zeugen vom Unrecht der Väter in Gottes Namen. Und Johannes kam durch das ganze Land des Jordan und er

predigte das Wort Gottes nach seinem Verständnis und er taufte die Menschen mit Wasser aus dem Jordan, um ihre Seelen von dem Übel der Väter zu reinigen. Und die Menschen sprachen zueinander: „Johannes, die Stimme des Rufenden inmitten einer Wüste. Johannes, die Stimme des geraden Pfades in einer Wüste voller Steine."
So kamen viele zu ihm und sie bekannten sich ihrer Sünden. Er aber taufte sie und wusch sie rein von ihrer Schuld.

Und der Menschensohn erlernte das Handwerk des Zimmermanns und es verlangte ihm nach dem Wissen von Gott und nach den Werken der Menschen, die in Gottes Namen Unrecht taten. In diesen Tagen, in den Tagen des Herodes, des Königs von Judäa, und dem Hohenpriester Hannas und Kaiphas ergoss sich das Wort Gottes im Menschensohn. Und sein Geist erblühte in Ehrfurcht vor dem einen Gott, dem unbenannten Vater des Sohnes. Und der Sohn sah die Taube und Gott sah die Taube, doch ihm verlangte nicht nach dem Blut des Lebens, dass der Mensch bereit war zu opfern in Gottes Namen. Und die Menschen schrien und die Priester jauchzten und das Leben floss zu Boden, in den Staub des Tempels, ins fahle Licht. Es geschah aber, dass Gott dem Menschen zürnte, denn das Blut war Leben, wie das Leben Blut war. Und der Ruf Gottes ergriff den Sohn, der, vom unschuldigen Blut getränkt, das Opfer des Lebens als gottlos verstand. Es geschah aber in den Tagen des Herodes, des Königs von Judäa und dem Hohenpriester Hannas und Kaiphas, dass Johannes, der Prophet, den Menschen predigte, um das Wort Gottes zu preisen. Und der Menschensohn verließ sein Heim und seine Mutter, um das Wort des Johannes zu vernehmen und zu verkünden vom Vater, dem Gott des Lebens.

Als aber alles Volk in Erwartung war, da kamen viele Sünder zum Propheten Johannes und auch der Bruder aus Kindertagen, gezeugt vom selben mächtigen Engel. Und die Sünder fragten nach ihrer Erlösung und Johannes konnte ihnen nicht mehr entgegnen, als dass er sie taufte, um sie zu reinigen von ihrer Schuld. Und die Worte wogen schwer im Menschensohn und auch er ließ sich herab zum Jordan, um durch Johannes Erlösung zu finden von der Schuld des Engels. Als aber das Volk voller Erwartung war, da sprach der Prophet in die Menge: „Tut niemanden Gewalt an und erpresst niemanden und begnügt euch mit eurer Habe."

Das Volk aber fragte sich, ob dieser Mann, der ihnen die Worte kundtat, nicht der Christus sei, der gotterwählte König der Juden? Er aber erwiderte ihnen: „Ich taufe euch mit Wasser, es wird aber einer kommen, der Gottes Willen habhaft ist und seine Taten werden meine überwiegen."

Der Menschensohn, angereichert der Worte, die er vom Bruder vernommen hatte, kehrte vom Jordan zurück und erwählte den Weg in die Menschenwüste. Von allen Seiten drangen die Worte der Begehrlichkeiten an ihn heran und er erkannte in ihrer Vollendung das Werk der Gottlosigkeit. Sie, die Menschen, glichen Kindern, die sich mühten, um ihren Besitz zu mehren und boshaft in der Auslegung der Worte das Ansinnen Gottes entwarfen. In diesen Tagen aß er nichts und sein Körper entkräftete, doch die Menschen ließen ihn hungern und sahen mit hochmütigen Augen auf seine magere Gestalt herab. In diesen Tagen vernahm er die Priester wie sie Gefallen fanden an dem Leidvollen und er sah wie Bettler in Gottes Namen die Priester verehrten nur um die Barmherzigkeit einer Gabe. Und er sah dies alles, doch tat er es ihnen nicht gleich. In diesen Tagen vernahm er die mächtigen Worte der Schriftgelehrten und er sah, wie sie das Volk lenkten, indem sie Gottgelehrigkeit heuchelten, um ihre eigene Macht zu stärken. Und er verstand es, doch tat er es ihnen nicht gleich. Und sein Innerstes fand Wohlgefallen an der Verneinung des Gottlosen, denn er sah einen anderen Weg, um den unbenannten Vater zu preisen.

Und der Menschensohn war im einunddreißigsten Jahr seines Lebens, da erreichte ihn die Kunde von der Festnahme des Bruders durch den König Herodes, der vom heiligen Wort des Bruders wegen seiner Unzucht und allem Bösen, was er begannen hatte, getadelt wurde. Und der Menschensohn verbarg nicht länger sein Gesicht, sondern tat es dem Bruder gleich, um mit Worten und Taten

Gott nach seinem Verständnis den Menschen zu offenbaren.

Am folgenden Tag erreichten ihn zwei der Jünger, die dem Propheten Johannes nahe standen, und sie berichteten vom Schicksal des Bruders und von der Absicht des Herodes, Johannes zu töten. Und die Kunde von der Gefangenschaft Johannes durchdrang das Land und auch dem Menschensohn erreichte die Kunde und sein Herz verweilte in Trauer wegen des Bruders Schicksal. So kehrte der Sohn in die Heimatstadt des Engels zurück und sein Ruf drang ihm voran und er lehrte auf seinem Weg in den Synagogen und verkündete Gottes Wort nach seinem Ermessen. Es geschah aber, als er, wie es Gewohnheit war, am Sabbattag den Tempel betrat, um vorzulesen, da reichte man ihm das Buch des Propheten Jesaja und er sprach die Worte aus dem Sinn Gottes: „Der Geist des Herrn ist mit mir, weil er mich gesalbt hat, um sein Wort zu verkünden. Er hat mich gesandt, Gefangene zu befreien und Blinde zu erhellen, dass sie wieder sehen."

Als er die Worte ausgesprochen hatte, gab er das

Buch den Dienern zurück und setzte sich. Doch alle, die ihn umgaben warteten auf seine Weisung und hofften auf ein Zeichen. Er aber fing an, zu ihnen zu sagen: „Heute ist diese Schrift vor euch erfüllt."

Und das Volk wunderte sich um der Worte, die aus seinem Mund hervorgingen und sie sprachen zueinander: „Ist dieser nicht der Sohn des Josefs, stammt dieser nicht aus unserer Mitte?"

Und der Menschensohn vernahm ihre Worte und den Zweifel und wurde gewiss der Ansicht, dass der Prophet nicht taugt im eigenen Haus seiner Herkunft. So verließ der Sohn den Tempel des Engels, denn er erkannte, dass alles Volk ihm wegen seiner Worte zürnte und er durchschritt ihre Mitte und ging fort.

So begab es sich, dass er nach Kapernaum hinab kam, in eine Stadt in Galiläa, und er lehrte an den Sabbattagen Gottes Wort nach seinem Ermessen. Das Volk aber erstaunte über die Weisheit in seinen Worten, denn er verdeutlichte ihnen den Sinn des wachen Geistes und den Missbrauch der Gelehrten, die Gottes Namen für ihre eigenen Ansprüche auslegten. Es war aber einer unter ihnen, der hörte das Wort und es brach Unwillen aus ihm hervor, da er besessen war von dem Anspruch der Väter, Gott nach ihrer Weise mit Blut und Leben zu opfern. Und der Geist des Mannes erstarkte und das Wort drang aus ihm mit lauter Stimme hervor: „Bist du gekommen, um uns zu verderben? Bist du gesalbt von Gott, um in seinem Namen zu wirken?"

Der Menschensohn aber bedrohte den Geist des Zweiflers, indem er ihn mit Wissen und Weisheit von seiner Blindheit erlöste. Und Entsetzen kam über alle und Ehrfurcht vor dem Werk der Väter, als sie die Stimme des Zweiflers vernahmen, aber der Menschensohn hatte ihm Einhalt geboten, ohne Schaden an ihrer Gemeinschaft zu nehmen. Und sie redeten untereinander und sie fragten sich: „Was ist dieses für ein Wort, das er spricht? Was ist dieses für ein Wort, das ihm Kraft und dem Blinden zur Einsicht gereicht, um die unreinen Geister zu heilen?"

Und die Kunde von ihm ging voraus in jedem Ort der Umgebung.

Er aber machte sich auf und ging aus der Synagoge in das Haus Simons, von dem man sprach, dass er dem Wort des unbenannten Gottes nahe stand. Und das Volk kam herbei und war gespalten in seiner Auffassung über das Wort, das er verkündete. So kam es, dass die Schwiegermutter des Simon Petrus über die Ankunft des Menschensohns in ihrem Haus erschrak. Und sie fieberte und war voller Furcht und Zweifel über alles, was sie vernommen hatte, denn die Furcht hatte ihren Geist im Besitz. Als der Menschensohn sah, wie das Feuer des Fiebers in ihrem Körper sich ausbreitete und die Sorge der Frau die ihrigen plagte, da beugte er sich über ihr Angesicht mit dem Geist der Weisheit, sodass er ihr wie ein Engel erschien. Und das Fieber wich und die Frau verstand und war berührt von seinem Wissen und dem Geist des Wortes, den sie aus seinem Mund vernahm. Er aber ließ alle von Furcht Erkrankten und Gepeinigten zu sich kommen, in das Haus des Simons, und legte ihnen die Hände auf, um ihre Unwissenheit zu heilen. Jene aber, die nicht zugänglich waren für die Weisheit seiner Worte, bedrohte er und ließ sie nicht reden, um das Wort zu schmälern. Als es aber Tag geworden war, da ging er hinaus und begab sich an einen einsamen Ort, um über das Geschehene nachzusinnen. Und die Volksmenge suchte ihn und sie bedrängten ihn zu bleiben. Er aber entgegnete: „Ich muss auch den anderen Städten die Botschaft des unbenannten Gottes verkünden."

Und der Geist des unbenannten Gottes kam über ihn und er verstand sein innerstes Wort: „Denn dazu bin ich gesandt, um den Geist Gottes zu verkünden."

Es geschah aber, dass alles Volk ihn bedrängte, um sein Wort zu vernehmen. Und er sah das Volk und erkannte in ihren Herzen, dass Zweifler unter ihnen waren, die nicht verstanden das Wort, das aus ihm drang. Simon Petrus aber, ein Fischer, der dem Wort des unbekannten Gottes nahe stand, führte den Menschensohn von der Menge fort an den See Genezareth, wo zwei Boote bereitstanden, der Gefahr zu entkommen. Und der Menschensohn bestieg das Boot, das Simon gehörte, und die Fischer fuhren ein wenig hinaus, bis der Geist Gottes in ihnen reifen konnte. Von dort lehrte der Menschensohn der Volksmenge das Wort und

Wissen der unbenannten Gnade und als er verstummte, da vernahmen sie viele gläubige und ungläubige Geister unter ihnen. Doch der Geist des Simons geriet in Furcht vor den Ungläubigen und er war bestürzt über sein Handeln und zweifelte sehr. Als der Menschensohn das vernahm, da verlangte er von den Fischern in die Weite des Sees zu rudern, um dort die Nacht in Sicherheit zu verbringen. Und als der kommende Tag anbrach, da waren die Boote auf das Wort des Menschensohns zurück an Land gekehrt, wo eine Menge Gläubige des neuen Wortes ausgeharrt hatten und sie freudig empfingen. Als Simon dieses erkannte, da fiel er zu den Knien des Menschensohns und sprach: „Ich bin ein sündiger Mensch, denn ich habe gezweifelt."

Und alle, die ihn umgaben, erfasste Entsetzen, denn auch in ihnen war Zweifel vorhanden an dem neuen Wort. Der Menschensohn aber sprach zu den Gläubigen: „Fürchtet euch nicht, von nun an werdet ihr statt Fische Menschen fangen."

Und es folgte ihm Simon Petrus und sein Bruder Andreas und auch Jakobus und Johannes, die Söhne des Zebedäus, die Wegbegleiter Simons waren. Und der Menschensohn sprach zu Simon: „Fürchte dich nicht, denn der Geist Gottes wird über dein Haus wachen."

So verließ Simon alles und auch die anderen taten es ihm gleich und folgten dem Wort des unbenannten Gottes.

Und es geschah, als er in einer der Städte war, da kam ein Mann voller Aussatz und als er den Menschensohn sah, da fiel er vor sein Angesicht und sprach: „Wenn du willst, kannst du mich reinigen."

Und der Menschensohn erkannte, dass alles Volk und auch die Gefährten, die Jünger, vor dem Erkrankten wichen, um nicht vom gleichen Aussatz befallen zu sein. Er aber ließ sich die Verunstaltungen des Körpers zeigen und hatte weder Furcht noch Zweifel, um sie zu berühren. Als alles Volk das sah, da kamen sie näher und verstanden, dass sie aus Furcht einen Mann aus ihrer Mitte verwiesen hatten, der nicht länger vom Aussatz befallen war. Er aber sprach zu ihnen: „Er sei gereinigt um den Geist Gottes."

Und alles Volk erkannte, dass sie sich den Geist

Gottes entzogen hatten, indem sie voller Furcht den Menschen aus ihrer Gemeinschaft verwiesen. Und es gab viele unter ihnen, die drangen vor den Toren der Stadt und brachten Speisen und ein Gefühl der Andacht für die vom Aussatz Betroffenen, sodass die Erkrankten in ihnen den Geist Gottes erkannten. Und es glich einem Wunder und der Menschensohn sprach zu ihnen: „Redet nicht über das Geschehene, denn der Ungläubige ist voller Furcht und ohne rechten Sinn."

Zu dem vom Aussatz Geheilten aber sprach er: „Geh hin und zeige dich den Priestern und opfere für deine Reinigung, wie Mose es geboten hatte, ihnen zum Zeugnis."

Der Menschensohn aber ging in eine einsame Gegend und hielt in sich inne und betete, da ihm bewusst war, vom Unrecht des Opferblutes und von des Menschen Glaube an einen Gott, der dieses verlangte.

Und es geschah, dass er zurückkehrte nach Kapernaum, um zu lehren dem Volk von Gottes Gnade. Es kamen aber viele und unter ihnen waren Pharisäer und Gesetzeslehrer, die aus jedem

Dorf der Umgebung das neue Wort vernahmen. Und der Menschensohn hatte die Kraft ihren Geist von dem Unwillen der Väter zu heilen, indem er mit Weisheit und Antwort sie im Glauben an den unbenannten Gott bestärkte. Als dieses aber geschah, da kamen Männer und sie brachten auf einer Trage liegend einen Gelähmten, der nicht habhaft war der Gnade Gottes in ihrem Sinn. Als der Menschensohn sah, dass der Groll in der Seele des Gelähmten Schuld trug an seinem Schicksal und seine Sünden ihn hinderten vor Gott aufrecht zu stehen, da hatte er Mitleid mit ihm und war fest des Blickes in seinem Herzen. Und der Gelähmte glaubte an den Menschensohn und war gewiss in seinem Geist, dass dieser der Christus sei, der von Gott Auserwählte. Der Menschensohn aber sprach zu ihm: „Kind Gottes, deine Sünden sind dir vor Gott vergeben."

Zugleich aber vernahm er die Gedanken der Schriftgelehrten und Pharisäer, die sich sagten: „Wer kann Sünden vergeben außer Gott allein?" Und er sah, dass sie nicht verstanden das Wort der innersten Furcht der Seele, die durch Menschenart gezeugt, vom Leben und von Gottes Gnade sie fernhielt. Er aber begegnete ihnen mit fester Stimme: „Was ist leichter zu sagen: Dir sind deine Sünden vergeben oder steh auf und gehe fort in Gottes Namen? Damit ihr aber wisst, dass der Sohn des Menschen Vollmacht hat, dem Nächsten Sünden zu vergeben, so sage ich dir, steh auf, denn dein Glaube hat dich geheilt und deine Sünden sind dir vergeben."

Der Gelähmte aber glaubte an den Menschensohn und stand auf und war befreit von aller Sünde, die ihn niederhielt. Und Staunen machte sich unter den Anwesenden breit und sie verherrlichten Gott und wurden mit Furcht erfüllt und sie benahmen sich wie Kinder, da das Wort in ihrem Geist nicht fassbar war.

Als es aber Abend geworden war, da ging der Menschensohn seines Weges und sah einen Zöllner, mit Namen Levi, am Zollhaus sitzen. Er aber wusste um die Sünde der Zöllner, die aus Habsucht sich an dem Volk bereicherten. Als nun Levi sah, dass dieser, der Menschensohn, zu ihm sprach, da wurden ihm die eigenen Worte schwer und er erkannte seine Sünden und sein Vergehen und hatte Einsicht in das Werk des unbenannten Gottes. Und der Menschensohn kehrte ein in das Haus des Zöllners und es folgten ihm auch seine Jünger und andere Zöllner, die vom Werk Gottes erfahren hatten. So machten sie ein großes Mahl und der Menschensohn verdeutlichte ihnen die Aussaat der Worte und Werke, die nach dem Sinn der Pharisäer und Schriftgelehrten nicht im Einklang mit den Worten Moses, den Worten der Väter, standen. Und Levi verstand und es taten ihm andere gleich, denn sie wurden gewiss im Geist Gottes und sie legten ab ihr falsches Werk und folgten dem rechten Pfad des neuen Wortes. Als aber die Pharisäer und Schriftgelehrten vernahmen, wie der Menschensohn und seine Jünger mit Sündern beisammen zu Tisch saßen, da wurden ihre Worte rau und sie verurteilten das Geschehen, indem sie sein Ansehen mit Worten straften. Der Menschensohn aber antwortete ihnen: „Diese hier, die ihr verurteilt, waren krank in ihrem Sinn. Ich aber bin unter ihnen gekommen, um sie zu heilen in Gottes Namen. Denn es ist nicht der Gottgerechte, der meiner Worte bedarf, sondern der Kranke, dem sie zur Heilung helfen.

Denn das Wort des unbenannten Gottes ist weder das Wort Mose noch das Wort der Väter. Das neue Wort ist die Abkehr von der Sünde der Väter zum Pfad des rechten Lebens."

Die Pharisäer und Schriftgelehrten aber sprachen: „Die Jünger des Propheten Johannes fasten oft und verrichten Gebete, um Einsicht vor Gott zu erlangen, ebenso wie wir. Doch der Menschensohn und die Seinen, sie aber speisen und trinken."

Er aber entgegnete ihnen: „Heute essen und trinken sie, da sie feiern über das Wort, das ihre Herzen erfreut. Es werden aber Tage kommen, da wird der Sinn des Wortes ihnen verschlossen bleiben und sie werden fasten, um den Sinn des Wortes erneut in sich zu vernehmen."

Die Pharisäer und Schriftgelehrten aber verstummten, denn sie hatten Einsehen gefunden in dem Wort, das er zu ihnen sprach und auch seine Jünger erstaunten über die Macht, die aus seinem Geist zu ihnen drang.

Und es geschah, dass er am Sabbat, dem Tag der Andacht, durch die Saaten der Felder ging und mit seinen Jüngern Ähren pflückte, um sie zu verspeisen, indem sie die Ähren mit ihren Händen zerrieben. Einige der Pharisäer aber sprachen: „Warum tut ihr das, was nach Moses Wort und dem der Väter am Sabbat nicht zu tun erlaubt ist?"

Der Menschensohn aber antwortete: „Ist nicht der Sohn des Menschen Herr des Sabbats? Wer hat das Gesetz im Sinn Gottes erschaffen, wenn nicht der Mensch Mose? Was ist also falsch daran zu handeln in Gottes Sinn und Gut zu tun nach dem Sinn des Lebens?"

Sie aber eilten in die Stadt und lauerten darauf, dass er käme, um sich zu versündigen am Werk und Wort des Moses und der Väter.

Als jedoch der Menschensohn den Groll der Pharisäer und Schriftgelehrten vernahm, da führte ihn der Geist Gottes in die Synagoge, um zu lehren vom Pfad der Weisheit. Unter den Anwesenden war aber auch ein Mann, dessen rechte Hand welk war, indem er Gutes mit Schlechtem entlohnte. Die Schriftgelehrten und Pharisäer aber lauerten darauf, ob er Wunder wirken lassen würde, indem er den Mann zum rechten Pfad ermutige. Der

Menschensohn aber kannte ihre Überlegungen und warf die Worte in ihrer Mitte: „Ist es Recht oder Unrecht, in Gottes Namen am Sabbat Gutes am Menschen und an dem Ansehen, der ihn erschuf, zu vollbringen?"

Und nachdem er sie alle angeblickt hatte, sprach er zu dem Mann, der vom rechten Pfad abgewichen war: „Strecke fortan deine Hand aus und tu Recht an dem Menschen, der dir begegnet. Siehe, ich heile dich mit dem Geist der Weisheit Gottes und seiner Gnade, dir das Unrecht für dein Handeln zu vergeben."

Und der Mann tat es fortan nach dem Sinn des unbenannten Gottes und seine Hand erblühte, ebenso wie sein Herz und sein Geist. Die Pharisäer und Schriftgelehrten aber wurden mit Unverstand von dem neuen Wort erfüllt, da sie fürchteten, ihr Ansehen zu verlieren, und sie besprachen untereinander, wie sie dem Menschensohn Schaden zufügen könnten.

In diesen Tagen aber überschattete ihn die Sorge über den Unverstand der Menschen, die das neue Wort als eine Gefahr verstanden. Und er machte sich auf in das Gebirge, um allein im Geist Gottes zu verweilen und Antwort zu finden auf die Fragen, die ihn plagten. Und er verbrachte eine Nacht im Gebet und als es Tag wurde, da rief er seine Jünger herbei und erwählte zwölf, die am meisten Gefallen am neuen Wort und Geist Gottes fanden. Und er nannte sie die Berufenen und ihre Namen waren Simon, genannt Petrus, und sein Bruder Andreas und Jakobus und Johannes und Philippus und Bartholomäus und Matthäus und Thomas und Jakobus, des Alphäus' Sohn, und Simon, der Eiferer, ein ehemaliger Anhänger der Zeloten, die es sich zum Ziel gesetzt hatten, die römische Herrschaft im Land mit Gewalt zu beenden und Judas, des Jakobus' Sohn, und Judas Iskariot, ein Mann aus Kariot, der ihm zum Opfer wurde. Ihnen aber lehrte er vom Wissen an dem Werk und Wunderglauben der Väter und von der Einsicht in das neue Wort und dem Geist des unbenannten Gottes. Und sie hatten Einsicht in der Heilung von Kranken und vernahmen die Wunder des Geistes und hatten Gefallen am göttlichen Sinn.

So lehrte er das Wort und er verurteilte die heuchlerische Art der Pharisäer, die kleinlicherweise das neue Wort verurteilten, ohne Gott zu erkennen. Und er benannte ihr Ansehen als die Selbstgerechten, denn es waren jene unter ihnen, die das Ansehen der Väter wortgetreu benannten, jedoch den Zusammenhang vernachlässigten. Und er sah, dass ihr Anteil groß war im Volk und er wusste um die Macht ihrer Worte in den Köpfen der Menschenkinder, die nicht gewiss waren der Bestimmung des neuen Geistes in Gott. Denn es waren die Pharisäer, die nach ihrem Sinn den Tempel den Gesetzen Mose und den Propheten unterordneten, ohne zu erkennen. Ihnen war das Opferwerk der Heiligen Schriften Gesetz. Und sie taten das Werk und vernahmen nicht die Qual des Lebens und Gottes Geist, der alles Leben einte. So lehrte er das Wort und er verurteilte die Sadduzäer, die sich selbst als das hohe Werk der Gottesfurcht verstanden und zur gleichen Zeit dem weltlichen Reichtum verfielen. Denn es waren einige unter ihnen, die im Volk hoch standen, jedoch ihr Wissen nicht teilten. War auch ihr Geist auf der Suche nach Antwort, so blieben ihre Neuerungen dem Großteil des Volkes verborgen. Und ihr Ansinnen war fern einem Schicksalsglauben und dem Eingreifen Gottes in menschliche Belange. Doch sahen sie sich selbst als das hohe Werk an, nicht gewiss der Hochmut im Ausblick auf das Geringe. So lehrte er das Wort und er verurteilte den Starrsinn und den Hochmut vor dem göttlichen Geist. Denn es war das neue Wort, das antrat, um zu richten über jene, die Missbrauch übten in Gottes Namen.

Und der Menschensohn erhob seine Augen und lehrte seinen Jüngern und sprach: „Glückselig ihr Armen, denn euer ist das Reich Gottes. Glückselig die ihr hungert im Geist, denn ihr werdet gesättigt werden mit Wahrheit. Glückselig jene, die ihr jetzt weint vor Kummer wegen der Torheit der Menschen, denn ihr werdet frohen Mutes sein im Sinn. Glückselig ihr, die ihr gehasst und geschmäht werdet wegen des Sohnes. Seht, euer Lohn ist groß unter der Weite Gottes. Denn ebenso taten es die Propheten und ihre Tat ist das ewige Andenken in Gott. Aber wehe dem Reichen. Wehe euch, die ihr voll seid, denn euer Leben ist dem Scheol geweiht, da ihr nicht im Geist Gottes verweilt.

Wehe jenen, die falschen Propheten huldigen. Denn ebenso taten es die Väter und ihr Name ist ohne Dauer im Ansehen der Lebenden und damit dem Scheol geweiht. Glückseligkeit dem Guten, denn seine Tat wird überdauern im Sinn des Menschen und sein Name wird ewig leben. Glückseligkeit dem Mutigen, denn das Wort wird leben und mit ihm der Geist Gottes, der aus ihm spricht. Liebt eure Feinde, tut wohl denen, die euch hassen und gebt eure Habe, wenn sie es fordern. Denn euer Geist ist ihnen bestimmt durch die Tat eurer Handlung. Denn der unbenannte Gott ist gnädig in der Einsicht des Geistes und allen Lebens. Und eure Tat wird im Sinne des neuen Wortes sein und das neue Wort wird verkünden den Geist Gottes, der gütig ist gegen die Undankbaren und Bösen. Seid nur barmherzig, wie auch Gott barmherzig ist und richtet nicht. Denn euer Handeln wird Recht sein über das Unrecht und es wird kein Urteil über euch stehen als das ewige Ansehen im Sinn des Menschensohns. So werdet ihr ewig Leben in denen, die Gottes Geist erfahren. Gebt von euch und man wird euch das ewige Leben geben. Denn das neue Wort wird auferstehen und mit ihm der Geist des unbenannten Gottes."

Als aber das Wort bekannt wurde, da kamen viele und sie glaubten und handelten nach dem neuen Sinn. Und es geschah, dass der Menschensohn in die Stadt Nain zog und seine Jünger und eine große Volksmenge folgte ihm. Als er sich aber dem Tor der Stadt näherte, da wurde ein Toter herausgetragen, der einzige Sohn seiner Mutter. Er aber hatte Mitleid mit der Frau und sprach zu ihr: „Weine nicht, denn der Name deines Sohnes ist auferstanden von den Toten und wird den Scheol nicht sehen. Ich sage euch, dass dieser Leichnam hier nur eine Hülle ist, aber der Geist des Verstorbenen im Ansehen jener weiterleben wird, die ihn liebten und seine Werke vollenden."

Und der Menschensohn hörte vom Leben und Werk des Verstorbenen, wie alles Volk, das um ihn stand. Und das Ansehen des Verstorbenen wurde in ihnen lebendig und er lebte in ihnen fort. Es waren aber alle ergriffen wegen der Worte und sie hatten Furcht vor seiner Weisheit, denn sie sagten sich: „Ein großer Prophet ist unter uns erweckt worden und Gott hat sein Volk besucht."

Und die Rede über ihn ging hinaus in ganz Judäa.

Und das Wort des Bruders drang bis in das Ohr des Propheten Johannes, dessen Leben in den Händen König Herodes lag. Und die Jünger des Propheten eilten zum Menschensohn, da sie Hoffnung vernahmen in seinem Wirken zugunsten Johannes. Und als sie ihn sahen, da sprachen sie: „Johannes der Täufer hat uns zu dir gesandt und lässt dich fragen, bist du der Befreier oder sollen wir auf einen anderen warten?"

Er aber wusste, dass sie versucht waren mit Gewalt das Leben des Propheten zu retten, ohne den Sinn der Lehre zu verstehen. Und er heilte unter ihnen und machte sie sehend, um die Blindheit ihrer Beweggründe zu erhellen. Und der Menschensohn sprach: „Geht hin und verkündet Johannes, was ihr vernommen habt. Denn es werden Blinde sehen und Lahme gehen und Aussätzige werden gereinigt und Taube hören und Tote werden auferweckt. Denn der Geist des unbenannten Gottes liegt im neuen Wort und dieser Geist wird den Blinden erkennen lassen und dieser Geist wird den Lahmen zum Handeln bewegen und dieser

Geist wird den Aussätzigen mit dem Volk vereinen, um das Volk zu reinigen, und dieser Geist wird die Taubheit übertönen, denn auch dieser Geist wird den Gottlosen mit Leben erwecken, um im Sinn des unbenannten Gottes ewig zu leben."

Als aber die Jünger des Johannes gegangen waren, da fing er an, dem Volk von Johannes dem Täufer zu verkünden. Und er sprach zu ihnen: „Was ersuchtet ihr in Johannes anderes zu sehen als einen Propheten und mehr noch als einen Propheten? Denn ich sage euch: ‚Unter den von einer Frau geborenen Söhnen ist keiner größer als Johannes der Täufer, aber der Kleinste im Reich Gottes ist vor dem Vater größer als er.'"
Und das ganze Volk, das zuhörte, ließ sich nach der Art des Johannes vom Menschensohn taufen, um so das Werk des Propheten und sein Ansehen zu stärken. Die Pharisäer und Schriftgelehrten aber sahen die Stärke des neuen Geistes und das Schwinden ihrer Macht im Volk.

Es bat ihn aber einer der Pharisäer mit dem Namen Simon, der dem neuen Wort nahe stand, dass er mit ihm essen möge, um zu lehren. Und der Menschensohn legte sich zu Tisch und ließ das Wort vernehmen. Es war aber auch eine Frau in der Stadt, die hatte von seinen Taten durch die Mächtigen erfahren und sie begab sich in das Haus des Pharisäers, da sie in Sünde war durch das Werk der käuflichen Begierde. Und sie trat in das Haus und ihre Hände beherbergten kostbarstes Salböl in einer Alabasterflasche, wie es üblich war in dem Werk, dem sie nachging. Und der Menschensohn erblickte ihre Augen und ließ sie gewähren, dass sie mit Tränen seine Füße benetzte und mit den Haaren ihres Hauptes sie trocknete. Und sie küsste seine Füße und salbte sie mit Salböl. Der Pharisäer aber, der um die käufliche Begierde der Frau wusste, sprach bei sich selbst: „Wenn dieser vor mir ein Prophet wäre, so würde er erkennen, was für eine Frau das ist, die ihn anrührt."

Und der Menschensohn hörte die Worte und er wandte sich zu der Frau und sprach mit fester Stimme zu Simon: „Siehst du diese Frau? Sie hat viel geliebt, doch ihre Sünden sind vergeben in ihrem Leben. Sie war voller Begierde, doch ihre

Sünden sind vergeben in ihrem Leben. Denn wem diente sie mehr als dem, der von ihr nahm? Trägt dann nicht auch die Schuld an der Frau derjenige, der sich ereiferte zu nehmen? Doch diese Frau dort hat meine Füße mit Tränen gewaschen, als man sie schickte, um ihr Werk zu verrichten. Und diese Frau hat meine Füße mit ihrem Haupt getrocknet, als man sie schickte, um ihr Werk zu verrichten. Und sie hat meine Füße gesalbt und sie hat den Lohn von denen erhalten, die sie schickten. Ich aber habe sie gewähren lassen, um ihr all ihre Sünden zu vergeben. Denn wem wenig vergeben wird, der kann wenig vergeben, wem aber viel vergeben wird, der kann viel vergeben."

Und Simon fing an, sich zu sagen: „Wer ist dieser Mensch, der mit dem Geist des Wortes alle Sünden vergeben kann?"

Der Menschensohn aber sprach zu der Frau: „Geh hin in Frieden, denn deine Sünden sind dir vergeben."

Und es geschah, dass die Frauen im Land das Werk an der Frau vernahmen und sich ihr verbunden fühlten. Und sie sprachen untereinander und verkündeten das neue Wort: „Seht, da ist einer unter den Männern und sein Name ist Jesus, der Menschensohn. Und seine Worte sind neu und sein Geist ist in unserem Sinne. Denn wer unter den Männern spricht von der Frau als ein Teil im Geist Gottes? Und wer unter den Männern sieht das Bild der Frau als ein bedeutendes Zeichen der Schöpfung, von Gott gegeben? Dieser dort, mit dem Namen Jesus, dieser dort ist wahrlich ein Prophet des neuen Geistes."

Und sie kamen aus allen Schichten des Volkes zu ihm und baten um den neuen Geist des Wortes und teilten ihr Habe zum Wohle mit ihm. Er aber heilte viele ihrer falschen Ansichten und ließ sie teilhaben am neuen Wort des unbenannten Gottes. Und er nahm einige von ihnen als Jüngerinnen auf und lehrte ihnen das Wort unter ihresgleichen zu verbreiten, damit der Geist des neuen Wortes erstarke. Doch seine Jünger wunderten sich und waren besorgt um das Ansehen und um die Lehre, die aus seinem Munde spross. Er aber ließ sie verstummen und war gewiss der Bereicherung, den Sinn des neuen Wortes aus dem Mund der Frau zu vernehmen.

Es kamen aber seine Mutter und seine Verwandten, da sie Gefahr vernahmen für ihr eigenes Leben und das Ansehen des Menschensohns. Doch ihre Worte konnten nicht zudringen an sein Ohr, da sie selbst nicht verstanden das Werk, das er tat, im Wissen um den neuen Geist. Es wurde ihm aber von seinen Jüngern berichtet, dass seine Mutter und seine Verwandten nicht guthießen das Werk, welches er tat. Er aber antwortete und sprach: „Diese dort, sind durch die Geburt meine Mutter und meine Verwandten. Wer aber das neue Wort erfährt und verkündet, ist im Geist des unbenannten Gottes meine Mutter und mein Verwandter."

Und es geschah, dass ein Sturm heraufbrach unter den Jüngern und Verwandten, sodass er zu ihnen sprach: „Lasst uns wie Boote übersetzen an das jenseitige Ufer des neuen Geistes."

Und er lehrte ihnen von den Ursachen der Beweggründe und von der Erkenntnis der Behaftung im menschlichen Sinn. Und die Jünger sprachen: „Meister wir kommen um."

Und der Sturm in ihnen verhärtete sich und lief Gefahr sie zu entzweien. Er aber stand auf und bedrohte den Sturm in ihren Herzen, bis er sich legte und es still war. Und der Menschensohn sprach: „Wo ist euer Glaube?"

Sie aber erschraken und sagten untereinander: „Wer ist dieser, dass er auch den Winden und Stürmen gebietet zu schweigen und sie gehorchen?"

Er aber vernahm ihren Unmut und war gewiss, dass nur wenige dazu bestimmt waren, den Sinn des neuen Wortes ganz in sich zu vernehmen.

Als er aber die zwölf seiner engsten Jünger auch im Zweifel vernahm, da ließ er sie kommen und lehrte sie, wie ein Vater seinem Kind. Und er gab ihnen Kraft und schenkte ihnen Weisheit, zu heilen den inneren Geist der Erkrankung durch das neue Wort. Und er sandte sie aus, um zu lehren im Lande und um zu erfahren von den Menschen und der Liebe zum neuen Wort. Sie aber nahmen auf sein Geheiß nichts mit auf dem Weg, weder Stab noch Tasche, weder Brot noch Geld, als nur das neue Wort des unbenannten Gottes. Er aber war sich gewiss, dass sie bestehen würden unter der Last der Erwartung. Und sie zogen hinaus und kehrten dort ein, wo man sie freudig empfing und sie mieden das Haus des Lästerers und sie mieden das Haus des Heuchlers, dort, wo das neue Wort nicht Gehör fand.

Es hörte aber König Herodes was alles geschehen war im Lande und er war in Verlegenheit, da er den Propheten Johannes enthauptet hatte, doch sein Werk, die Taufe, im Volk durch das Wort des Menschensohns nicht starb. Und es war das Volk, das sprach: „Vernehmt, der Geist des Propheten Johannes ist von den Toten auferweckt worden und hat Bestand im Wirken des neuen Wortes."
Und Herodes sprach zu seinen Vertrauten: „Johannes habe ich enthauptet, wer aber ist dieser Menschensohn, von dem das Volk berichtet und dessen neues Wort aus aller Munde dringt?"
Und er ließ Männer aussenden, um Herr zu werden über das Wort und denen, die es sprachen. Doch der Menschensohn wusste vom Schicksal des Bruders und war gewarnt vor denen, die im Namen König Herodes nach ihm sahen.

Und er ließ die zwölf Jünger zurückkehren und

nahm sie mit und zog sich abseits zurück in eine Stadt mit Namen Betsaida, um den Männern des Herodes zu entgehen. Als aber das Volk seine Ankunft vernahm, da kamen viele und er sprach zu ihnen und lehrte das neue Wort im Geist des unbenannten Gottes. Und jene unter ihnen, die Heilung bedurften, wurden geheilt mit seinem Wort. Und er machte gesund und ließ den Bruder wieder als den Bruder erkennen, und er ließ sie erstarken in der Liebe zu dem Menschen, indem er ihre Begierde zügelte und ihren Anteil am Leben bereicherte. Der Tag aber begann sich zu neigen und die zwölf Jünger traten an ihn heran und sprachen: „Schicke die Volksmenge heim, denn hier sind wir an einem öden Ort und wir haben nicht mehr als fünf Brote und zwei Fische, um sie zu speisen."

Der Menschensohn aber entgegnete ihnen: „Geht und gebt von dem was wir haben und lasst es das Volk vernehmen."

Und an das Volk gewandt sprach er: „Wer seinen Nächsten liebt, den liebt auch Gott. Wer aber seinem Nächsten Speise und Trank erbietet, der handelt im Geist des unbenannten Gottes und wird durch das Wort der Gerechten Unsterblichkeit erlangen."

Und das Volk vernahm das Werk der Jünger und sie taten es ihnen gleich, indem sie ihre Speisen, die sie bei sich trugen, mit dem Fremden teilten. Und sie aßen und wurden satt und hatten Anteil an dem Wunder im Menschen, der geben konnte, ohne zu verlangen.

Als er aber für sich allein betete, da traten die Jünger zu ihm heran und er fragte sie: „Sagt, was spricht die Volksmenge wer ich bin?"

Sie aber antworteten und sprachen: „Johannes der Täufer, andere aber meinen, dass einer der alten Propheten auferstanden sei."

Und der Menschensohn entgegnete ihnen: „Kann das Volk denn nicht vernehmen, dass es das Wort im Geist des unbenannten Gottes ist, das ihnen begegnet?"

Und der Menschensohn sah im Geist der Jünger ihr Unvernehmen und er sprach: „Ihr aber, was sagt ihr wer ich bin?"

Simon Petrus aber antwortete: „Der Christus, der Auserwählte Gottes."

Und der Menschensohn gebot ihnen zu schweigen und war voller Sorge um ihren Glauben, da sie nicht verständig waren in ihrem Geist. Und er verkündete ihnen: „Der Menschensohn muss vieles erleiden und verworfen werden von den Hohenpriestern und Schriftgelehrten und getötet werden, um am dritten Tage im Geist des neuen Wortes aufzuerstehen."

Und sein Blick richtete sich auf Judas Iskariot und er sprach: „Wenn jemand mir nachkommen will, dann verleugne er sich selbst und nehme sein Kreuz auf sich und folge mir, um das Werk im Geist des unbenannten Gottes zu vollenden und um das Wort zu stärken. Denn wer sein Ansehen retten will, der wird das Wort verachten, wer aber sein Ansehen verliert um meinetwillen, der wird dem Wort zur Stärke dienen und ewiges Leben durch das Wort erfahren. Denn der Geist des neuen Wortes ist das ewige Leben für den Gerechten und das ewige Sterben für den Üblen. Denn was anderes bedeutet der Geist des Wortes, als das Gerechte auf ewig aus dem Mund des Gerechten entsteige und der Gottlose auf ewig im Mund des Gerechten sterbe."

Judas Iskariot aber senkte sein Haupt und war voller Furcht über das Ansinnen aus dem Munde des Menschensohns. Der Menschensohn aber sprach zu allen: „Wer sich des Wortes schämt, der schämt sich meines Wortes. Und wer sich des Sohns des Menschen schämt, der kann im Sinn des unbenannten Gottes nicht verweilen. Ich aber sage euch ehrlich: ‚Es sind einige unter denen hier, die werden den Scheol nicht schmecken, da sie nach meinem Tod das neue Wort in meinem Sinn erwecken werden.'"

Und sein Blick richtete sich auf Judas Iskariot und er sprach: „Aber einer ist unter euch, der wird mehr auf sich nehmen, indem er sein Ansehen um meinetwillen dem Geist des unbenannten Gottes opfert."

Es geschah aber, dass er einige von ihnen mitnahm, um an einsamer Stätte zu beten und ihren Geist zu stärken. Und er stieg mit ihnen auf einen Berg und betete laut, um von dem zu verkünden, was in seinem Sinn war und mit ihm im Sinn des unbenannten Gottes. Und unter ihnen war Petrus und Johannes und Jakobus und Judas und als er betete änderte sich ihre Wahrnehmung und sie erkannten ein Strahlen in seinem Gesicht über die kommenden Dinge, die der Menschensohn nach dem Glauben des Volkes vollbringen würde, um den Geist des neuen Wortes in seinem Sinn zu stärken. Und er verkündete im Geist Mose und die Jünger waren gewiss um den Sinn, der zu ihnen sprach. Und er verkündete im Geist des Propheten Elia und die Jünger waren gewiss um den Sinn, der zu ihnen sprach. Und er verkündete im Geist des neuen Wortes von dem Ausgang und Fortbestand des neuen Glaubens, der sich aus dem Werk der Väter erfüllen würde, um im neuen Geist des unbenannten Gottes zu erstarken. Simon Petrus aber entgegnete ihm: „Das ist der Christus, der gleich Mose und dem Propheten Elia zu uns gekommen ist."

Der Menschensohn aber zürnte um das Wort des Simon Petrus, da er sah, dass er nicht bereit war, um das Werk zu vollbringen, damit der Geist des unbenannten Gottes die Werte der Väter überstrahle. Er aber sprach zu ihnen: „Ich, Jesus, der Menschensohn, bin der Auserwählte, um das Volk mit neuem Leben zu erwecken."

Und sie schwiegen und erzählten in diesen Tagen niemanden von dem, was sie vernommen hatten.

Doch es war an der Zeit, dass sie vom Berg herabstiegen, als ihnen eine Volksmenge entgegentrat. Und es war unter ihnen ein Mann, der rief laut und es hafteten seine Augen auf dem Menschensohn, um Heilung für den Sohn zu erbeten. Und der Menschensohn ließ sich von der Fallsucht des Sohnes berichten und von seinen Jüngern, die versucht hatten nach dem Ansinnen der Väter, den bösen Geist des Jungen mit Schlägen und heiligen Tänzen auszutreiben. Und noch während der Mann sprach, da kam der Geist über den Jungen, dass er aufschrie und zu Boden glitt, um mit Schaum vor dem Mund den Jungen mit Wildheit zu beherrschen. Der Menschensohn aber sprach zum leiblichen Vater: „Lass deinen Sohn zu mir kommen."
Und seine Stimme fiel sanft und liebevoll in dem Sinn des Jungen und seine Hände berührten und streichelten die Augen und sein Haupt, sodass der Krampf nachließ und der Geist des Jungen sich der Liebe hingab. Und der Menschensohn ver-

nahm die Geschichte des Jungen und hörte von der Furcht vor Gott und den Taten der Väter und Priester, wie sie mit Schlägen und heiligen Tänzen den bösen Geist des Jungen vertreiben wollten. Er aber sprach zu dem Jungen und seinem Vater: „Dieser hier, ist nicht unrein oder von einem bösen Geist befallen. Dieser, dein Sohn, ist der Krankheit der Väter und Priester heimgefallen, die zu Unrecht die Furcht verbreiten, um den trügerischen Glauben an die alten Werte zu stärken. Ich aber sage: ,Dieser, dein Sohn, ist zu Großem berufen, da seine Seele zart ist, sie aber durch die Riten der Väter in Furcht und Zweifel an sich selbst gerät.' Geh hin und lass deinen Sohn seinen Frieden finden vor dem Werk der Väter und schenke ihm Liebe und lass ab die Erwartung um das Werk Gottes, denn dann wird dein Sohn aus dem Wirken Gottes im neuen Geist erstarken."

Und der Vater verstand den Sinn des Wortes und war erstaunt um die herrliche Größe des unbenannten Gottes. Er aber, der Menschensohn, sprach zu den Jüngern, die Unrecht an dem Jungen getan hatten: „Ungläubiges und verkehrtes Geschlecht. Wer seid ihr, dass ihr richtet über den

Geist eines Menschen, ohne selbst Einsicht in den Geist des Menschen zu erlangen? Bis wann soll ich bei euch verweilen und eure Torheit ertragen, bis auch ihr erkennen werdet, dass nicht der Wille richtet, sondern die Einsicht aus dem Sinn im Geist Gottes?"

Als aber alle verwundert waren um seine Worte und was er tat, da sprach er zu seinen Jüngern: „Erhört dieses Wort. Dass der Menschensohn ausgeliefert werden wird, um der Wahrheit des neuen Geistes und des neuen Wortes."
Sie aber verstanden nicht und es war ihnen der Sinn verborgen. Einzig Judas Iskariot verstand den Sinn und wusste um den Tag, an dem er nach dem Willen des Menschensohns sich verderbe. Und es kam der Tag, an dem sie aufbrachen nach Jerusalem, um den Geist des neuen Wortes zu verkünden und das Werk im Sinne des unbenannten Gottes zu vollenden. Als sie aber auf den Weg dahinzogen, da sprach Judas zu ihm: „Ich werde dir nachfolgen, wohin du auch gehst."
Der Menschensohn aber antwortete ihm: „Die Füchse haben Höhlen und die Vögel des Himmels

Nester. Der Menschensohn darf keinen Ort haben, wo er sein Haupt hinlegt."

Und Judas vernahm das Wort, doch war ihm der Sinn noch nicht offenbart. Der Menschensohn aber vernahm den Geist des Judas und sprach zu ihm: „Lasst die Toten, die Toten begraben, du aber geh hin und verkünde das Reich Gottes."

Und das Wort offenbarte sich in Judas und er sah die Jünger, die ihn umgaben und er wusste um ihre Schwäche und um die Stärke im Werk Gottes und um seinen eigenen Anteil an diesem Sinn. Und es stärkten sich seine Sinne und er vernahm das Wort des Menschensohns: „Niemand, der Hand an den Pflug legt, um das Land umzugraben, und zurückblickt, ist für das Reich des unbenannten Gottes tauglich."

Judas aber ließ in seinem Herzen alles vorbereiten, um den Körper des Menschensohns nach seinem Tode vor den Blicken der Zweifler zu entreißen.

Nach diesem Geschehen bestimmte aber der Menschensohn, dass er die meisten unter den Jüngern aussandte, um im Lande das Werk des neuen

Wortes zu festigen. Und die Jünger taten wie es ihnen befohlen war und sie lehrten im Volk und fanden Anteilnahme und Wohlwollen. So bestärkt, richtete er seinen Blick auf den Tag der Ankunft in Jerusalem und war gewiss der Gnade des unbenannten Gottes. Und es geschah, als er an einem Ort war und betete, da sprach einer der Jünger zu ihm: „Herr, lehre uns beten, wie auch der Prophet Johannes es seinen Jüngern lehrte."

Er aber sprach: „Wenn ihr betet, dann sprecht so: ‚Der du meinen wahren Geist erschaffen hast, dir sei alle Ehre. Dein wahrer Sinn wirke in uns und sei uns Nahrung. Lass uns unser falsches Werk vernehmen und vergeben, denn auch wir vergeben das Werk der Falschheit und stärke unser wahres Wort.'"

Und die Jünger schwiegen und gedachten seiner Worte, indem sie gleiches taten.

Und es geschah, dass er das Wort erwählte, um Kunde zu geben den Jüngern und Menschen von den Geheimnissen des Geistes. Und er ließ sie vernehmen: „Wenn die unreine Ansicht aus dem Menschen gefahren ist und er Anteil hat am wahren Sinn des neuen Wortes, so durchwandert er dürre Orte auf der Suche nach Gleichgesinnten und Ruhe. Wenn er aber keinen findet, der ihm gleich ist, dann läuft er Gefahr, dass er zurückkehrt im Sinn des unreinen Geistes und schlimmer noch wütet, als bevor er den Sinn des wahren Wortes erkannte. Denn der Sinn des neuen Wortes ist aus dem Geist des unbenannten Gottes erschaffen, doch der unreine Geist im Menschen sucht danach, das eigene Ansehen und das der Väter zu stärken um sich selbst, als das Unheil nicht zu erkennen."

Und er verweilte eine Zeit in Ruhe und sprach erneut zu ihnen: „Wer von euch den Sinn des neuen Wortes vernommen hat, der muss achtsam sein, um nicht erneut am Unrecht der Väter zu erkranken."

Und es geschah, als er dieses sprach, da erhob sich eine Frau aus der Volksmenge und verkündete: „Glückselig der Leib, der dich geboren hat, der dich getragen hat und die Brüste, die du gesogen hast."

Der Menschensohn aber entgegnete ihr mit fester Stimme: „Das Wort entstammt dem Sinn der

Menschen, aber der unbenannte Gott steht über jedem Zweifel. Denn glücklich ist nicht der Mensch, dem das Wort aus meinem Munde begegnet. Glückselig sind diejenigen, die das neue Wort vernehmen und darin den unbenannten Gott erfahren. Glückselig sind diejenigen, die Gottes Wort hören und befolgen. Der Menschensohn ist hervorgegangen aus dem Samen eines Mannes und dem Leib einer Frau. Auch sein Wort ist ein Wort menschlicher Natur. Doch der Geist des neuen Wortes ist der unbenannte Gott der Entstehung und Vergebung. Denn es ist kein Sterben im Geist des Menschen, solange das Wort zu neuem Leben erstarkt, um seinen Sinn zu offenbaren."

Das Volk aber war verwundert wegen der Worte und konnte den Sinn nicht recht verstehen.

Als er aber predigte, da bat ihn ein Pharisäer, dass er mit ihm zu Mittag essen möge. Und der Menschensohn ging ein in sein Haus und legte sich zu Tisch. Als aber der Pharisäer das sah, da wunderte er sich darüber, dass er nicht vor dem Essen sich wusch, wie es der Brauch der Väter war. Und es waren viele Anwesende im Haus, die entsetzt sahen, wie der Menschensohn das Ansehen der Väter missachtete. Er aber spürte ihre Blicke und sprach zu ihnen: „Ihr, Pharisäer, reinigt eure Hände und Becher vor dem Mahl in Gottes Namen, aber euer Herz und eure Sinne sind voller Raub und Bosheit. Doch Gott, der euer Äußeres gemacht hat, er hat auch euer Innerstes erschaffen. Ihr aber haltet an dem Ansehen Mose und der Väter fest, ohne das innere Werk Gottes festzuhalten. Denn war nicht zur Zeit des Mose der Geist im Menschen für den Sinn der Väter bestimmt? So ist auch zur Zeit des Menschensohns der Geist im Menschen für den Sinn des Menschen bestimmt. Aber ihr Pharisäer, ihr übergeht die neue Zeit und das neue Wort des unbenannten Gottes, indem ihr euch dem Zusammenhang verweigert und im Ansehen der Väter euch sonnt. Wehe euch Pharisäer, denn ihr liebt den ersten Sitz in der Synagoge und die Ehrerbietung im Volk. Wehe euch, denn ihr lebt unter den Toten der Vergangenheit und zieht den Menschen mit euch in den Abgrund des Scheols. Ich aber, der Menschensohn, bin das ewige Leben, das aus dem neuen Wort geboren wurde, mit jeder Stimme, die es aussprach."

Aber einer der Gesetzeslehrer antwortete und sprach: „Indem du das sagst, schmähst du auch uns."

Er aber entgegnete: „Wehe auch euch Gesetzeslehrer, denn ihr beschwert die Menschen mit schwer zu ertragender Last. Selbst aber rührt ihr die Last in euren Herzen nicht an. Wehe euch, denn ihr baut Andenken für die Propheten, aber eure Väter haben sie getötet. Ihr seid Zeugen der Schrift, aber euer Herz bleibt stumm gegen das Unrecht der Väter, indem ihr das Gesetz bestärkt. Darum hat die Weisheit Gottes zu mir gesprochen: ‚Ich werde Propheten unter den Menschen entsenden und sie werden einige darunter töten, aber ich werde durch sie das Wort meines Geistes verkünden und ihnen das neue Wort lehren.' Wehe euch Gesetzesgelehrten, denn ihr haltet mit euren Gesetzen die Erkenntnis des Lebens und den freien Geist der Furchtlosigkeit im Menschen gefangen. Ihr selbst habt nicht von der Freiheit im Geist Gottes gekostet, um das Leben ohne Furcht und Gesetze zu begegnen. Aber ihr haltet den Menschen davon ab, Gott als ein Leben ohne Furcht zu erkennen. Wehe euch allen, denn der Geist des neuen Wortes ist der Geist des neuen Lebens und unbenannten Gottes, der euch hinaustragen wird in die Wüste der Verblendung, geächtet von allen Söhnen des neuen Wortes."

Als er aber von ihnen gegangen war, fingen sie an über ihn zu urteilen aus Furcht vor dem Beginn einer neuen Zeit und dem Zerwürfnis im Volk.

Und es versammelten sich viele hunderte der Volksmenge und der Menschensohn sprach zu ihnen und seinen Jüngern: „Hütet euch vor der Heuchelei der Pharisäer."

Und Unmut erfasste seinen Sinn und er trachtete danach, den Zorn der Volksmenge gegen das Werk der Pharisäer zu entfachen. Und er sprach: „Ich sage euch, fürchtet euch nicht vor denen, die den Menschenleib töten und sonst keine Macht besitzen. Fürchtet euch nicht vor dem Tod, denn jeder, der sich vor dem Menschen zu Gott bekennt, der wird sich auch zum Menschensohn bekennen und zu dem Wort seiner Weisheit. Und jeder, der ein Wort gegen den Menschensohn ausspricht, dem wird vergeben werden in meinem Namen, wer aber den Geist des neuen Wortes lästert, der lästert über den Geist Gottes und ist dem Scheol geweiht. Denn nur das neue Wort ist ewiges Leben und ein ewiges Licht in der Dunkelheit der Nacht. Wenn sie euch aber vor die Synagoge und dem Machthaber führen, um den Geist des Wortes zu leugnen, so sorgt euch nicht. Denn der Geist des Wortes ist heilig im Sinn Gottes und durch ihn werdet ihr sprechen und das Unrecht eurer Richter hinnehmen. Wer aber so handelt und den Geist des neuen Wortes nicht leugnet, der wird leben auch nach seinem Tod durch das Wort aus dem Mund des Gerechten. Und das Wort wird alle miteinander vereinen zu einem Geist, zu einer Seele. Und der Geringste wird den gleichen Anteil haben wie der Höchste in Gott, durch den Geist des neuen Wortes vereint."

Einer aus der Volksmenge aber sprach zu ihm: „Lehre uns von dem Gesetz des neuen Wortes."

Er aber entgegnete: „Ich bin nicht der Richter über die Wahrheit in eurer Seele. Aber der Geist des Wortes sagt zu euch: ‚Seid nicht habsüchtig, denn euer wahres Wesen ist euch geschenkt worden. So macht euch auch dem Menschen zum Geschenk, indem ihr euch und euren Nächsten liebt.'"

Und zu seinen Jüngern sprach er: „Seid nicht besorgt um euren Leib, denn das Leben ist mehr als Nahrung und Kleidung."

Und er richtete sich erneut zur Volksmenge und sprach zu ihnen: „Wenn ihr die Gefahr vor euch heraufziehen seht, so seid ihr in eurem Innersten gefangen und es geschieht so, wie ihr vermutet und ihr fallt in den Staub und bittet in Gottes Namen, dass die Gefahr vorüberziehe. Wer aber so handelt, der handelt im Sinne der Richter, die über ihn urteilen nach ihrem Willen. Denn der Geist des unbenannten Gottes fällt weder in den Staub, noch kann er gerichtet werden. Ich aber sage euch: ‚Der Menschensohn ist gekommen, um Feuer auf die Erde zu werfen und ich wünschte, es wäre schon in euch entzündet.' Ich aber habe eine Taufe vor mir, mit der ich getauft werden muss und wie bin ich bedrängt, es zu vollenden. Denkt ihr, dass ich gekommen bin, um Frieden auf Erden zu bringen? Nein, ich sage euch: ‚Ich bin gekommen, um zu entzweien.' Denn es werden von nun an die sich im Volk erheben, die an das neue Wort glauben, um das Ansehen der Väter zu entzweien.

Denn es sind Väter und Mütter, Söhne und Töchter unter eurem Dach, die den Geist des neuen Wortes verkünden. Und ihr werdet sie nicht zum Schweigen bringen, bis das Wort über allem steht. Denn durch meine Taufe wird das Wort von den Toten auferstehen, um ewig zu leben. Denn der Glaube an das ewige Leben durch das Wort ist stärker als der Tod durch die Furcht. Ich bin gekommen, um Feuer auf die Erde zu werfen und die Zeit für den Brand ist nah."

Und der Weg des Menschensohns führte nach Jerusalem und er lehrte am Sabbat in einer der Synagogen, die auf seinem Weg lagen.

Und es begab sich, dass eine Frau zu ihm aufblickte, die achtzehn Jahre einen Geist der Schwäche in sich beherbergte, sodass sie innerlich nicht fähig war, vor dem Leben sich zu erheben. Und der Menschensohn ließ die Frau zu sich kommen und er hörte von ihrem Schicksal und dem Glauben an das Unreine in ihr, das sie abhielt ihr Angesicht vor Gott zu erheben. Und der Menschensohn sah, dass ihre Sünde groß war, durch das Werk ihrer Taten und doch hatte er Mitleid mit der Frau und schenkte ihr Einsicht in den Geist des neuen Wortes. Und er legte seine Hände auf ihr Haupt und vergab ihr in Gottes Namen jede Schuld. Sie aber glaubte und war sich gewiss der Stärke, die aus dem Geist des Wortes hervorgedrungen war. Er aber sprach zu ihr: „Vernehme, Frau, du bist gelöst von deiner Schwäche. Denn der neue Geist ist stark und voller Liebe und durch ihn sollst du wirken, sodass dich deine Vergangenheit nicht weiter betrübe."

Und die Frau dankte Gott und dem Menschen, der ihr das Wort verkündet hatte. Der Synagogenvorsteher aber war unwillig um die Heilung der Frau, da der Menschensohn es nicht nach dem Ansehen des Mose und der Väter tat. Und er sprach zur Volksmenge: „Sechs Tage sind es, an denen man arbeiten soll. An diesen kommt und lasst euch heilen und nicht am Tag Gottes, dem Sabbat."

Der Menschensohn aber antwortete ihm: „Heuchler. Denn wer würde nicht seinen Sohn vor der Gefahr erretten, wenn dieser in einer Grube läge? Diese Frau aber ist eine Tochter Gottes, da sie den Geist des neuen Wortes empfangen hat. Wer meint, dass Gott um sein Ansehen eine Seele in

Bedrängnis zurücklässt, der handelt nach dem Sinn des Menschen. Wer aber am Sabbat eine Seele zu Gott zurückführt, der handelt nach dem Sinn Gottes und hat den Tag vor Gottes Ansehen durch sein Werk erhöht."

Und als er dieses sprach, wurden alle die ihm Schlechtes wollten beschämt und die Volksmenge raunte untereinander: „Dieser dort, ist Gott näher als jeder andere Mensch."

Er aber durchzog Dörfer und Städte auf seinem Weg nach Jerusalem und lehrte das Wort in Gottes Sinn. Es kamen aber viele und sie richteten im Unwissen ihre Fragen an ihn und er lehrte sie, zu sehen und sie von ihrer Blindheit zu befreien. Es war aber auch einer unter ihnen, der sprach: „Sind es wenige, die gerettet werden durch das Wort?"

Und der Menschensohn hörte sein Anliegen und entgegnete ihm: „Lasst nicht zu, dass euch der Weg versperrt bleibt. Denn ich sage euch, es werden einige versuchen den Weg zu beschreiten, doch ist ihr Wesen nicht mit dem Geist beseelt. Denn nur dem, dessen Geist nicht vom Weg abweicht, wird die Tür der Rettung nicht verschlossen sein. Wer aber wankt und mit falschem Namen Gottes Ansehen verkündet, der wird fallen vor dem Tor der Rettung. Wer aber glaubt, durch den wahren Geist des neuen Wortes mehr zu sein als der Hintermann, der ihm folgt, auch der ist im Irrtum. Denn der wahre Geist des Wortes kennt kein Größer noch Kleiner, sondern nur den einen Geist, der aus ihm spricht. So wird der erste Mensch das letzte Wort verkünden, wie der letzte Mensch das erste Wort. Denn der unbenannte Gott ist weder groß noch klein, sondern der ewige Geist der Gerechten seit Anfang her bis ans Ende aller Tage."

In der selben Stunde kamen aber einige Pharisäer zu ihm, die von den Machenschaften Herodes gehört hatten und wussten, dass seine Häscher auf dem Weg waren, um ihn zu töten. Sie aber waren seiner Worte zugeneigt und hatten Furcht vor ihm und sprachen: „Geh hinaus aus dem Land und zieh fort von diesem Ort, denn Herodes will dich töten."

Und der Menschensohn sprach zu ihnen: „Sagt dem alten Wolf und seinen Häschern, siehe, ich mache das Volk rein von seiner Bedrängnis und heile es von seiner Qual. Denn dieses Volk hat viele, die es bedrängen und quälen um das Ansehen der Macht. Siehe, ich heile es heute und morgen und am dritten Tage werde ich es vollenden. Denn das Wort wird auferstehen und die Mächtigen werden wanken unter dem Geist, der es verkündet. Doch ich muss heute und morgen und am folgenden Tage fliehen, denn es darf nicht sein, dass ein Prophet außerhalb der Stadt Jerusalems seinen Tod findet. Denn die Mächtigen, sie sind es, die in Jerusalem verweilen und auch sie sind es, die das Werk der Propheten steinigen. Dort, in der Stadt der Mächtigen, werden die Propheten gerichtet und auch dort werden die Propheten zu dem ernannt, was sie leben lässt in eurem Sinn. Denn auch mich werdet ihr nicht erkennen, bis es geschehen ist. Und ihr werdet es nicht sehen, bis es geschieht. Doch dann werdet ihr die Macht des neuen Geistes im Volk vernehmen. Und dann werdet ihr sagen: ‚Gepriesen sei der, der da kommt im Namen des Menschensohns und in seinem Geist, dem des unbenannten Gottes.' Denn es werden Mächtige fallen durch das neue Wort und ihr werdet Anteil haben, dass es geschehen will."

Und es folgten ihm viele und er wandte sich zu der Volksmenge und sprach: „Wenn jemand zu mir kommt und er hasst nicht seinen Vater, seine Mutter, seine Frau und Kinder, noch sein eigenes Leben, so kann er nicht mein Jünger sein. Und wer nicht seine Last trägt und mir nachkommt, kann nicht mein Jünger sein. Denn was der Vater lehrt, ist nicht das eigene Wort der Seele und was die Mutter lehrt, ist nicht das eigene Wort der Seele. Denn der Drang des Lebens ist nicht das eigene Wort der Seele. Sagt nicht der Vater zum Sohn: ‚Habe acht um das Ansehen deines Vaters.' Sagt nicht die Frau zum Mann: ‚Habe acht um das Wohl deiner Kinder.' Und sagt nicht das Leben zu sich selbst: ‚Habe acht, nicht umzukommen.' Doch das Wort der eigenen Seele spricht: ‚Wer mir folgt und umkommt, der hat Vater und Mutter, sowie Frau und Kind und das eigene Leben gerettet.' Denn der Geist des neuen Wortes ist nicht der Geist der Furcht. Der Geist des neuen Wortes besitzt die Wahrheit und das Recht, aus ihm zu verkünden. Wird auch der Leib sterben, so wird das wahre Ansehen in Gottes Sinn nicht enden, sondern auferstehen mit jedem gerechten Wort. Und die Väter werden den Rat der Söhne befolgen und die Kinder werden jauchzen, wie die Mütter, an der Freude einer neuen Zeit. Denn das eigene Wort der Seele ist zum Opfer berufen, um den Geist des neuen Wortes zu stärken. Und dieses, euer Opfer, ist ein Opfer an euch selbst. Denn der unbenannte Gott ist der Gott der Naturen und somit auch der Gott in euch. So sagt zu euch selbst: ‚Dieser Mensch hat angefangen zu bauen mit dem Geist Gottes.' Denn das neue Wort ist der Klang der Freiheit, der aus der Seele des Menschen die neue Zeit verkündet."

Dieses aber alles hörten auch die Pharisäer und sie verhöhnten ihn. Der Menschensohn jedoch sprach zu ihnen: „Ihr gleicht jenen unter dem Menschengeschlecht, die sich selbst um ihr Ansehen rechtfertigen. Aber der Gott in euch erkennt eure Herzen und ist sich der Schuld bewusst. Denn Gott weiß, was unter den Menschen von Größe ist, das ist vor ihm ein Gräuel. Denn das Gesetz und die Propheten verkünden das Ansehen Mose und der Väter bis zum Propheten Johannes. Von dem Tag an, als er sprach zum Mensch, hat die Erde seine Farbe gefunden und der Himmel seine Weisheit. Denn war es nicht das Wort des Propheten Johannes, der da sprach in Gottes Namen? ‚Jeder, der seine Frau entlässt und sich einer anderen Frau zuwendet, begeht Ehebruch, aber auch jeder, der sich einer, von einem Mann entlassenen Frau zuwendet, begeht Ehebruch.' Und es ist nicht in Gottes Sinn, das Ansehen der Väter zu ehren durch die Weisung eines Engels an der Zuwendung zu einer Frau. Denn Gott sandte keinen Engel auf die Erde, um seinen Willen zu unterbreiten, aber der Mensch versteht sich als dieser, indem er nach dem Gebot der Väter handelt. Johannes hat das Volk getauft, um es zu reinigen von der Schuld der Väter, und ihr habt ihn an Herodes ausgeliefert. Doch das Wort des Täufers ist auch mein Wort und sein Geist der meinige. Denn das Gesetz des unbenannten Gottes ist das Gesetz in jedem Menschen, der das neue Wort verkündet. Und das Wort ist nicht voll Furcht, sondern frei und ungebunden, wie der Geist Gottes, der es formt. Ihr aber verkündet die Botschaft der Väter, die am Gesetz Mose festhalten. Doch der Geist ist frei und mit ihm die Gnade der Vergebung."

Und er sprach zu seinen Jüngern: „Es ist so, dass jeder von euch der Verführung durch die Mächtigen verfallen wird. Doch wehe dem, der mächtig ist, um zu verführen. Für ihn wird die Erde kein Ort der Freude sein, da seine Habgier ihn nicht ruhen lässt, bis seine Seele sich selbst vergossen hat. Achtet auf euch selbst und mahnt den unter euch, der Falsches tut. Doch hört auch auf die Stimme Gottes in euch und lasst den Sünder heimkehren unter dem Dach des neuen Geistes. Vergebt dem, der da kommt und um Vergebung bittet. Denn der Geist des neuen Wortes ist der Geist der Gerechten und der Gerechte ist groß in seiner Gnade. Bedenkt, wer vor euch kniet und um Vergebung bittet, der kniet vor dem Geist der neuen Zeit. Denn sie ist die Stärke und die Einsicht, die aus Gott zu euch spricht."

Und die Jünger sprachen zum Menschensohn: „Mehre unseren Glauben."

Der Menschensohn aber entgegnete ihnen: „Es ist nicht das zu vollbringen, was euch befohlen wird, sondern den Geist zu erwecken, dass jeder, der ihn vernimmt, aus sich heraus befiehlt, das neue Werk zu vollbringen. Denn wer gezwungen ist, zu handeln, der handelt nach dem Ansehen eines Sklaven. Wer aber frei ist im Handeln, der handelt nach dem Ansehen der Propheten und ist ein Teil der eigenen Gottheit, die seine Seele erfasst."

Und als er von den Pharisäern gefragt wurde, wann das Reich des neuen Gottes anbrechen werde, da antwortete er ihnen: „Das Wesen Gottes ist nicht ein Reich der Freude, noch des Schmerzes. Der Geist Gottes ist der Geist der Notwendigkeit aus der Zuwendung des Menschen am Werk zu sich selbst. Denn wer unter euch sich selbst zu lieben vermag, der wird erkennen, dass er den Bruder liebt. Denn die wahre Liebe zu sich selbst kommt aus der Liebe zum Nächsten und diese Liebe, ist der Geist Gottes, der schon immer in euch war. Das Reich Gottes bricht dort an, wo der Mensch den Nächsten liebt. Dort ist der Geist des neuen Wortes zum Reich des unbenannten Gottes bestimmt."

Zu seinen Jüngern aber sprach er: „Gott ist mitten unter euch. Es werden Tage der Qual für euch heraufziehen, an denen ihr hoffen werdet, einen

Menschensohn im Geiste des neuen Wortes zu finden, doch ihr werdet das Nahe nicht erkennen. Ihr werdet suchen den Geist des Menschensohns, doch ihr werdet das Nahe nicht finden. Denn es wird euch nichts verborgen sein in eurem Herzen, doch ihr werdet es suchen, wo nichts zu finden ist. Denn bevor ihr euch erkennen werdet, muss der Menschensohn vieles erleiden und verworfen werden, um zu bestehen. Doch der Tag wird kommen, da dem Sohn des Menschen offenbart wird. Ich sage euch: ‚Zwei werden gemeinsam den Geist des Einen verkünden. Und wer sein Leben verliert, wird es erhalten.'"

Und die Jünger sahen ihn an und sprachen voller Unverständnis: „Wie soll das geschehen?"

Er aber blickte in die Augen des Judas Iskariot und sprach: „Wo der Leichnam ist, da sammeln sich auch die Geier, wo aber der Leib verborgen scheint, da wird das Wort mit neuem Leben erweckt."

Es geschah aber, dass er zwölf Jünger mit sich nahm und in einer abgelegenen Gegend zu ihnen sprach: „Seht die Zeichen, die der Geist des neuen

Wortes verkündet. Denn es wird von mir nun vollbracht werden, wie die Propheten es dem Volk verkündeten. Denn es steht in den Köpfen der Väter, dass der Auserwählte nach Jerusalem kommen wird, um dort gedemütigt und verspottet, um seiner eigenen Worte zu leiden. Und wenn sie ihn gegeißelt haben, werden sie ihn töten und er wird am dritten Tage auferstehen."

Und die Jünger vernahmen das Wort, doch sie verstanden nicht den Sinn. Er aber sprach zu ihnen: „Seht, ich bin der Menschensohn, und das Werk meiner Tage ist nah."

Und er zog mit seinen Jüngern voran und ging hinauf in die Stadt Jerusalem. Und es geschah, als er sich der Stadt näherte, dass er zu zwei von seinen Jüngern sprach: „Geht, und wenn ihr zu mir zurückkommt, dann führt ein Fohlen bei euch, damit das Andenken des Geschlechts David sich erhebe."

Und die Jünger taten wie ihnen befohlen und sie brachten ein Fohlen und warfen ihre Kleider auf den Rücken des Fohlens und setzten den Menschensohn darauf. Er aber ließ es geschehen und sprach zu den Seinen, dass der Anfang gekommen sei, um die Taufe zu vollenden. So ließ er sich führen von den Seinen, die unter Jubelrufen ihn als den König huldigten, wie es Brauch war im Haus der Könige. Der Menschensohn aber hatte sie dazu berufen, in seinem Namen so zu handeln. Und die Jünger riefen mit freudiger Stimme: „Gepriesen sei der König, der da kommt im Namen Gottes."

Doch einige der Pharisäer, die sahen, was sie taten, sprachen: „Geh und weise deine Jünger zurecht."

Er aber entgegnete ihnen: „Ich sage euch, wenn diese dort schweigen, so werden es die Steine der Stadt verkünden. Denn heute ist der Tag nah, wo die Prophezeiung sich erfülle."

Und er näherte sich der Stadt und er sah, dass alles Volk in seinem Namen ihn begleitete. Und der Menschensohn war erfreut, dass es geschah, wie er erdachte, denn das Volk hatte Anteil genommen an der Lehre vom Geist des neuen Wortes. Und es kamen viele und er hoffte, dass der neue Geist die Mauern der Stadt zerbersten würde, um den wahren König in seinem Recht zu bestärken.

Die aber, die gekommen waren, sahen seine Tränen und waren gewiss, dass dieser der Erlöser sei, um das Volk vom Joch der Bedrücker zu befreien. So gestärkt sprach er zu den Hohen und den Gelehrten der Stadt: „Wenn doch ihr Mächtigen an diesem Tag erkannt hättet, was zum Frieden dient. Es werden aber Tage kommen, an denen eure Feinde euch umzingeln und euch von allen Seiten einengen. Und sie werden euch und eure Kinder zu Boden werfen und nicht einen am Leben lassen, dafür, dass ihr die Zeit der Heimsuchung nicht erkannt habt."

Jene aber, die ihn hörten, wollten nicht den Zorn des Volkes entfachen und waren nicht gewillt, dass dem Menschensohn sein Werk gelinge.

Als er aber sah, dass sie ihn durchschauten, da richtete sich sein Ansinnen auf das Tempelwerk ihrer Väter. Und der Menschensohn trat ein und erkannte, dass alles Werk der Mächtigen sich an den Menschen bereicherte, indem sie das Haus mit Wucher und Handel entehrten. Er aber war sich gewiss, dass die Mächtigen der Stadt sein Vorgehen nicht gutheißen würden und er hoffte, ihren Zorn zu entfachen, indem er alles Volk, das Handel trieb, aus dem Inneren des Tempels warf. Und der Mächtige war gewarnt und das Volk begrüßte die Tat und der Menschensohn sprach zu ihnen: „Es steht mit den Worten der Väter geschrieben, dass Gottes Haus ein Gebetshaus ist. Ihr aber habt es zu einer Räuberhöhle gemacht."

Und der Menschensohn lehrte im Tempel der Väter den Sinn des neuen Wortes, um Zeugnis zu geben vom Geist der Wahrheit. Doch die Hohenpriester und Gelehrten vernahmen, dass ihr Ansehen im Volk zu schwinden begann und sie beschlossen den Menschen zu töten, der das neue Wort zu ihnen sprach. Der Menschensohn aber erkannte, dass viele im Volk das neue Wort freudig aufnahmen und ihm damit Macht verlieh. So gestärkt aus dem Geist des neuen Wortes waren sie viele und die Hohenpriester und Schriftgelehrten vermieden es, den Menschensohn zu widerlegen, um nicht den Zorn des Volkes gegen sich zu entfachen. Und es geschah, dass einige ihn fragten: „Sage uns, welche Vollmacht hast du, um hier im Haus Gottes dein Wort zu verkünden, was sonst nur den Priestern und Ältesten vorbehalten ist? Oder sage uns, wer ist es, der dir diese Vollmacht gegeben hat?"

Doch der Menschensohn erkannte, dass sie sich uneinig waren in ihrem Handeln und er hoffte mit dem Geist des neuen Wortes ihren Zorn zu entfachen, damit sein Plan gelingen würde und er in ihre Gewalt falle, damit sich sein Werk vollende. So aber entgegnete er ihnen: „Sagt, wer hat die Taufe des Johannes ermächtigt, von dem alles Volk spricht, er sei ein Prophet Gottes? War es der Mensch oder Gott selbst, der es tat?"

Die Priester und Gelehrten aber sagten sich untereinander: „Wenn wir sagen, der Mensch, so werden uns die Volksscharen steinigen, da sie glauben, Johannes sei ein Prophet Gottes. Sagen wir aber Gott, so wird der Menschensohn verkünden, warum habt ihr ihm nicht Glauben geschenkt?"

Und sie erkannten, dass der Menschensohn geschickt war mit dem Wort, das ihm Macht verlieh, und sie fürchteten sich wegen der Worte und ließen ab von ihren Fragen und sprachen: „Wir wissen es nicht."

Der Menschensohn aber sah, dass sich sein Vorhaben nicht erfüllte und setzte ihnen nach, indem er sich zu ihnen wandte: „So sage auch ich euch nicht, in welcher Vollmacht ich in diesem Tempel das Wort verkünde."

Und es waren da die Ältesten und Hohenpriester und Schriftgelehrten und sie beobachteten ihn und sandten Getreue aus, die sich verständlich gegenüber dem neuen Wort stellten, um ihn bei Zeiten der Obrigkeit der Stadt auszuliefern. Und sie sprachen: „Wir wissen, dass du Recht aus deinem Mund sprichst und den Geist des unbenannten Gottes lehrst. Aber sage uns: ‚Ist es Recht, wenn wir dem römischen Kaiser Steuern zahlen?'"

Der Menschensohn aber erkannte ihre List, doch lag es ihm fern, sich der Macht Roms entgegenzustellen, als vielmehr die Mächtigen im Volk ihrer Stärke zu berauben, da sie mit fälschlicher Berufung auf Gott die Menschen in Arglist täuschten. So sprach er zu ihnen: „Wessen Bild und Aufschrift ist auf der Münze? Die des Kaisers oder des Gottes?"

Jene aber, die ihn herausforderten, antworteten: „Die des Kaisers."

Und der Menschensohn entgegnete: „Dann gebt

dem Kaiser, was ihm gehört und gebt Gott das neue Wort der Wahrheit, dass aus seinem Geist erschaffen wurde und wahrlich ihm gehört."

Jene aber unter ihnen, die ihn ausliefern wollten, erkannten, dass er mit den Worten über sie stand und schwiegen. Das Volk aber vernahm seine Worte und wunderte sich darüber, denn es war der römische Kaiser nicht beliebt im Land.

Es kamen aber einige der Sadduzäer herbei, die behaupteten, dass keine Auferstehung im Buch des Mose vorhanden sei und die Ansicht falsch war, dass der Geist eines Menschen auferstehen könne und sie sprachen: „Mose hat geschrieben, wenn jemandes Bruder stirbt, der eine Frau hat, die kinderlos ist, dass sein Bruder die Frau nehme und seinem toten Bruder Nachkommenschaft schenke. Dieses Vorgehen des Bruders ist nach dem Buch Mose ein Engel im Ansehen vor Gott. Doch sage uns, es waren da sieben Brüder und der eine hatte eine Frau, sie war kinderlos und er starb und sein Bruder nahm sie zur Frau und sie blieb kinderlos und er starb und auch die anderen er-wählten sie zur Frau und sie blieb kinderlos und zuletzt starb auch sie. In der Auferstehung des neuen Wortes heißt es aber, dass der Geist erneut im Menschen erwache, um den Sinn zu verkünden. Doch wessen Geist soll aus diesem Werk auferstehen, wenn kein Angehöriger ihr Ansehen ehrt?"

Der Menschensohn aber sprach zu ihnen: „Die Toten sind Söhne, die eurem Verständnis von Engeln gleichen. Denn was redet ihr von den Brüdern und der einen Frau anderes, als aus der dringlichen Einsicht eures Geistes? Sie aber sind tot, doch durch euer Ansinnen aus dem Scheol in eurem Geist erwacht, um Anteil zu haben am ewigen Leben und an der Auferstehung. So ist auch der Geist des neuen Wortes das ewige Leben für alle, deren Werk gerecht ist. Denn das neue Wort ist aus dem Geist des unbenannten Gottes entsprungen und dieser Gott ist der Gott der Naturen, der lebendig ist in jedem Lebewesen. Denn kann der Leib auch sterben, so wird der Geist des Lebens erweckt in dem, der das Wort erneut verkündet. Der Tod ist vergänglich unter dem neuen Wort im Geist des unbenannten Gottes. Denn das neue Wort ist das Wort der Wahrheit und dieser Geist

ist ewiges Leben.“

Und die Sadduzäer ließen ab von ihm und sahen sich in ihrer Weisheit geschwächt. Das Volk aber vernahm seine Worte und wunderte sich darüber, denn sie wagten sich nicht mehr, ihn etwas zu fragen.

In diesen Tagen aber vernahm der Menschensohn, dass sich sein Ansehen im Volk schmälerte und die Zeit gegen ihn war, da er nicht das vollbrachte, was sie von ihm erwarteten. Denn der Sinn des Volkes hoffte auf einen Erlöser von der Herrschaft der Römer durch den Geist des neuen Wortes. Doch das Wort stand nicht im Einklang mit dem Sinn im Volk, das enttäuscht war um das Werk des Menschensohns in der Stadt der Mächtigen. Und der Menschensohn erkannte, dass es anders war als in den abgelegenen Städten des Landes, wo das Volk noch unwissend war und weniger Einflüsse von außen vernahm. Er aber sprach zu ihnen: “Was sagt ihr untereinander, dass der Christus ein Sohn des Königs David sei? Ein Sohn des Königs, der mit Riesen kämpfte und Herrscher stürzte? David aber selbst sagt im Buch der Psalmen, dass es der Herr sei, dem er diene. David also nennt ihn Herr und wie ist dann der Christus, der Sohn Gottes, zu benennen? Denn David hat das Schwert geführt, um die Macht Gottes nach seinem Ermessen zu verkünden. Doch der Christus wird das Wort führen, um den Geist des unbenannten Gottes zu verkünden."

Das Volk aber vernahm seine Worte und wunderte sich darüber, denn sie sahen sich um das Ansehen ihrer Vergangenheit geschwächt.

Während aber das ganze Volk zuhörte, sprach er zu seinen Jüngern: „Hütet euch vor den Schriftgelehrten, die in langen Gewändern ihr Ansehen schmücken und die Begrüßungen auf den Märkten lieben und den ersten Sitz in der Synagoge. Hütet euch vor den Schriftgelehrten, denn sie sind es, die in die Häuser der Väter gehen und die Witwen verschlingen, getarnt als Engel Gottes. Hütet euch vor den Schriftgelehrten, denn sie halten nur zum Schein lange Gebete und sind doch voller Sünde im Innersten ihrer Seele. Ich sage euch: ‚Sie werden ein schweres Gericht empfangen.'"

Das Volk aber vernahm seine Worte und wunderte

sich darüber, denn sie sahen sich um das Ansehen ihrer Tradition geschwächt. Und auch die Hohenpriester und Gelehrten sahen, dass der Menschensohn durch das neue Wort an Ansehen verlor und sie ließen ihn gewähren. Er aber blickte auf und sah, wie Reiche und Mächtige große Gaben in den Schatzkasten des Tempels warfen und eine arme Witwe nur zwei Scheffel von ihrem Habe. Als er dieses sah, da richtete er sich erneut ans Volk und sprach: „In Wahrheit ist es so, dass diese arme Witwe mehr eingelegt hat, als der Reiche und der Mächtige es vor ihr taten. Denn derjenige, der Besitz hat, der gibt von seinem Überfluss, doch diese Frau dort, sie hat von ihrem Wenigen das Meiste gegeben."

Das Volk aber vernahm seine Worte und wunderte sich darüber, denn sie sahen sich um das Werk ihrer Gaben geschwächt.

Und es waren einige des Volkes bei ihm, die sprachen: „Seht den Glanz des Tempels und den wohligen Schein der Weihgeschenke, die zu Ehren unseres Gottes dienen."

Und der Menschensohn vernahm ihr Wort und sah

das Volk, wie es sich am Ansehen der Väter berauschte. Und er richtete sich erneut an sie und ließ aus seinem Mund vernehmen: „Dieses ist nicht von Bestand in dieser Welt. Denn der Tag wird kommen und es wird nicht ein Stein auf dem anderen verweilen, um von der Größe Gottes und dem Ansehen der Väter zu verkünden. Doch das neue Wort hat Bestand und ist geboren aus dem Geist des unbenannten Gottes."

Und das Volk verstummte, doch es fragten andere: „Sag uns, wann wird der Tag kommen und welches Zeichen sollen wir als den Beginn verstehen?"

Er aber sprach zu ihnen: „Seht zu, dass ihr nicht verführt werdet, denn es werden viele meinen Namen preisen, die mich nicht kannten. Und sie werden sagen: ‚Seht, der Tag ist da, an dem sich das Wort erfüllt.' Doch geht ihnen nicht nach und hört nicht auf ihr Ansinnen. Denn es muss geschehen, dass die Nation sich entzweit, damit das Königreich des neuen Wortes über dem Königreich der Mächtigen steht. Von diesem Tag an werden sie euch aber verfolgen und sie werden euch versuchen zu töten, da ihr in meinem Namen handelt und in meinem Sinn. Doch bleibt stark in euren Herzen, denn ich werde euch führen durch den neuen Mund und durch die neue Weisheit aus dem Reich des neuen Wortes, dessen Stärke über alle eure Widersacher steht. Und es werden sich Eltern und Verwandte gegen euch stellen und es werden viele getötet werden und ihr werdet von allen gehasst. Doch ich sage euch, der Gewinn wird eure Seele sein und wenn Jerusalem umzingelt steht, dann werden Heerscharen verkünden, dass der Tag der Rache nah ist wie die Verwüstung der Stadt. Und die Not wird groß sein und das Volk wird sich fürchten, denn der Ruf wird über das Land getragen bis in die Welt. Denn das Wort wird sie vereinen und es werden Tage kommen, an dem sie das Werk vollbringen und Jerusalem wird fallen vor den Nationen des neuen Geistes. Und dann werden sie den Menschensohn erkennen, in einer Wolke getragen, durch den Staub der Gläubigen erfüllt mit Macht und Herrlichkeit. Wenn aber diese Dinge anfangen, dann fürchtet euch nicht, sondern blickt in eure Herzen. Denn es werden jene erlöst werden, die zu mir standen, vereint im Geist des unbenannten Gottes."

Das Volk aber vernahm seine Worte und wunderte sich darüber, denn sie verfielen in Furcht um das eigene Leben.

Doch der Menschensohn erkannte ihre Furcht und hoffte, sie mit Mut zu stärken, damit sie zusammenhielten, um die Mächtigen im Land zu stürzen durch den Geist des neuen Wortes. Und er sprach zu ihnen, in der Hoffnung sie in seinem Sinn einzunehmen: „Wahrlich, ich sage euch, dass dieses Geschlecht nicht von der Erde ausgelöscht wird, bis jedes meiner Worte sich erfüllt hat. Wahrlich, ich sage euch, es sind da viele, die kommen werden, um das Werk meiner Worte zu vollenden. So seid dort, wo auch sie vereint im neuen Geist die Herrschaft des unbenannten Gottes verkünden. Lasst euch nicht vom Werk der Väter verführen, denn der Tag ist nah, da es geschehe. Seid mutig und opfert euch dem rechten Sinn. Denn der Tempel wird fallen, doch der Geist des neuen Wortes nicht schweigen. Denn der Geist wird über alle kommen, die auf dem Erdboden ansässig sind. Wacht und betet um die Gnade des Geistes, dass ihr bereit seid, ihm zu folgen. Flieht nicht vor den

Mächtigen im Volk sondern steht gemeinsam in einem Geist vereint vor dem Menschensohn. Lasst das neue Wort aus eurem Mund erklingen, damit keiner zwischen euch dringe und sie nicht habhaft werden des Menschensohns. Wacht und betet, denn die Länder werden zu einem Geist vollendet und selbst das Ansehen der Väter vor Gott wird unter dem neuen Wort zerbrechen, damit der Geist des unbenannten Gottes über allem herrsche."

Das Volk aber vernahm seine Worte und wunderte sich darüber, denn sie verfielen in Furcht vor der Prophezeiung des Menschensohns.

Und er verweilte am Tag im Tempel und ging nachts hinaus auf den Ölberg mit seinen zwölf Getreuen, um frühmorgens zum Tempel zurückzukehren. Unter den restlichen Jüngern aber hatten sich viele von ihm abgewandt, da sie sahen, dass sein Ansehen im Volk zu schwinden begann. Und der Menschensohn verweilte in Betrübnis und sah die Zeit als gekommen, dass er handeln müsse, um sein Werk, die Auferstehung, zu vollenden. Denn es gab viele im Volk, die ihn einst als den Christus begrüßten, doch nach seinen

Worten sich erneut an die Väter wandten. Und der Menschensohn sah die Zeit für angebrochen, nachdem es ihm nicht gelungen war, das Volk der Stadt für sich einzunehmen, seine Taufe im Geist des neuen Wortes zu vollenden. Und es nahte das Passahfest der ungesäuerten Brote, dessen Ansehen hoch stand im Glauben des Volkes. Und auch der Menschensohn hörte, dass die Hohenpriester und Schriftgelehrten versuchten ihn zu töten, jedoch davor zurückschreckten, da sie befürchteten, das Volk könnte ihn nach seinem Tod als Propheten verehren. Und der Menschensohn nahm Judas Iskariot zur Seite, der dem Werk der Taufe im Geist des neuen Wortes nah stand und bereit war, sein Leben zu opfern für das kommende Werk im Geist des Menschensohns. Und er sprach zu ihm: „Es ist die Zeit angebrochen, da der Geist des Menschen nicht habhaft ist der Wahrheit, die aus dem Sinn des neuen Wortes zu ihm dringt. Höre, dass der Menschensohn ausgesandt hat das Wort, um unter ihnen die neue Zeit im Geist des unbenannten Gottes zu vollenden. Doch nun ist der Tag nah, dass die Taufe durch den Menschensohn den Sinn des neuen Wortes vollende, damit das

Wort auferstehe von den Toten, um sie im Geist zu einen."

Judas aber entgegnete ihm: „Wofür ist es gut, dass ich dieses empfange und du mich auserwählt hast von diesem Geschlecht?"

Der Menschensohn aber antwortete und sprach: „Du wirst von allen gemieden werden, auch von den kommenden Nationen und doch wird dein Ansehen über sie herrschen. Selbst dann, wenn sie Einsicht haben in das Werk der letzten Tage, werden sie dich meiden, doch siehe, es besteht ein großes Reich und seine Ausdehnung ist dem Menschen nicht gewiss."

Judas aber entgegnete: „Siehe, ich fürchte mich, denn es sind viele getauft in deinem Namen und siehe ihr Werk."

Der Menschensohn aber sprach: „Wahrlich Judas, ich sage dir, du wirst ein großes Opfer bringen, doch du wirst über alle anderen stehen im Geist, der uns eint. Dein Werk wird ihre Schuld verkünden, da sie nicht anders vermochten, als sich dem neuen Geist zu verschweigen. Doch durch dein Werk werden sie Frieden finden, denn sie werden sagen, vernehmt, er war es, der den Menschen-

sohn an den Mächtigen auslieferte, um ihn zu töten. Sie aber sind wie Kinder, die keine Schuld an
sich vernehmen, und sie werden kommen, um sich
selbst als die zu verstehen, die den Menschensohn
und durch ihn den Geist der neuen Zeit benannten.
Denn für dich werden sie opfern, dass du ihnen
zuvorkamst, um sie von ihrer Tat abzuhalten,
mich den Mächtigen der Stadt auszuliefern. So
werden sie rein sein durch deinen Namen und
handeln können durch deine Schuld, die du ihnen
abnahmst und ich dir vergab. Für dich wird der
Mann opfern, der mich als das bekleidet, was ich
bin."

Judas aber entgegnet: „Dann soll es sein, dass der
Tag anbricht, wo das Werk des Menschensohns
sich vollende."

Und Judas tat wie ihm befohlen und er suchte den
Engel, dessen Herz reich war im Geist des Wortes. Und der Engel erkannte das Werk des Menschensohns und war sich gewiss über den Tag, da
er handeln würde, um den Leib vor den Geiern zu
verbergen.

Es kam aber der Tag des Passahfestes und der

Menschensohn ging ein mit seinen Jüngern in das Haus des Engels, um mit ihnen das Fest zu feiern. Und als die Stunde gekommen war, da legte er sich zu Tisch und sprach: „Mein Geist erfüllt sich mit Sehnsucht um das Werk, das durch die Taufe des Menschensohns vollendet wird. Dieses Brot, das euch heute nährt, ist wie der Geist, der euch ewig nähren wird. Doch nun ist das Fest der Wahrheit angebrochen und die Zeit nah, da ich euch nicht mehr lehren werde als der Geist, der aus euch heraus das ewig Lehrende zu vollbringen vermag. Denn der Tag ist nah, dass es vollendet werde und sie den Menschensohn gefangen nehmen, damit er abschwört den Geist des neuen Wortes. Doch ich habe erkannt, dass sie Leid und Qualen über meinen Leib werfen werden, damit ich schwach werde, um das Wort des unbenannten Gottes zu leugnen. Doch dieses Brot wird das letzte sein und dieser Wein wird der letzte sein, bis es vollbracht ist. Denn ich werde ihnen halb tot entgegentreten, damit ihr Vorhaben, mich zu töten, ihnen schnell gelinge und ich nicht wanke. Denn was sie glauben, was mich schwächt, wird nicht durch ihre Macht geschehen, sondern durch meinen Willen, mich der Nahrung zu entziehen. Denn einzig der Geist des neuen Wortes wird mir Trank und Mahl sein auf dem Weg, der vor mir liegt, bis das Werk der Taufe vollbracht ist im Namen des unbenannten Gottes."

Und er nahm das Brot und reichte es ihnen und sprach das Wort: „Dieses ist das Leben, das ihr in euch aufnehmt, um mit Kraft das neue Wort zu verkünden."

Und er nahm den Kelch mit Wein und reichte ihn und sprach: „Dieser ist wie das Blut, das euch durchdringt, um mit Kraft das neue Wort zu verkünden. Erkennt die Stärke des Brotes und die Kraft des Weines, um das neue Wort in meinem Sinn zu erwecken. Denn, wem Brot gegeben wird, der wird euch folgen und wer Wein getrunken hat, der wird verkünden."

Und die Jünger fragten sich untereinander, wie das Werk des Menschensohns sich vollenden könnte und sie hielten Ratschluss miteinander und waren nicht einig, wer von ihnen der Größte sei, um das Ansehen des Menschensohns so darzustellen, damit sein Werk gelingen möge. Er aber sah, dass sie im Geist wie Kinder waren, die nicht verstanden, was geschehen musste, um den Geist des Volkes erneut zu erwecken. Und er sprach zu ihnen: „Es ist einer unter euch, der wird mich verraten, damit es komme, wie es geschehen muss. Doch wenn ihr von Größe sprecht, dann sagt: ‚Wir werden klein sein unter den Menschen, um zu dienen dem Volk im Geist des neuen Wortes.‘"

Simon aber sprach zu ihm: „Herr, ich bin mit dir bereit in den Tod zu gehen, allein um deinen Geist zu verkünden. Und jeder von uns, der Verrat an dich übt, soll sterben durch den Geist des neuen Wortes."

Der Menschensohn aber sah, dass auch Simon wankte in den Tagen, als alles Volk sich abwandte vom Geist des unbenannten Gottes. Und der Menschensohn antwortete ihm: „Der eine, der mich verraten wird, muss Größeres ertragen als an meiner Seite zu stehen. Denn der unter euch, der es vollbringen wird, muss sich von mir abwenden, vor euch, um das Werk zu vollenden. Ich sage euch: ‚Wer das gleiche Blut hat wie ich, ist würdig dieses Werk zu vollenden. Du aber, Simon, wirst mich verraten an dem Tag, wo ich von euch bin.' Ich sage dir Simon: ‚Du wirst wanken und mich verraten und leugnen, dass ich es war, den du kanntest.'"

Die Jünger aber entgegneten ihm: „Wir werden nicht von deiner Seite weichen, so wahr wir dich lieben."

Er aber sprach: „So geht und kauft Schwerter, damit es nicht geschehe und der Menschensohn ausgeliefert werde."

Sie aber fürchteten sich und sagten: „Wir haben zwei Schwerter, um zu handeln."

Er aber sprach zu ihnen: „Seht ihr nicht, dass ihr voller Furcht seid von dem Tag an, als das Volk sich gegen mich wandte. Denn so wie das Volk sich nicht an dem wahren Geist des neuen Wortes erfreuen konnte, so seid auch ihr nur halbherzig beisammen, in meinem Geist vereint. So soll es geschehen, was geschehen muss, damit auch ihr erneut Glauben findet, wenn alles Volk mich als den erkannt hat, der ich war. Denn dann werdet ihr sagen: ‚Dort ist der Geist des neuen Wortes von den Toten auferstanden. Hört, sie rufen den Namen des Menschensohns und preisen sein Ansehen vor Gott.' Denn ihr werdet mich in vielen erkennen, die wahrlich von mir sprechen und mein Geist wird in ihnen sein und ihr sollt sie erneut führen, um meinetwillen. Doch noch weile ich unter euch und das Werk der Taufe ist noch nicht vollbracht."

Es begab sich aber, dass er das Haus verließ, um, wie es seine Gewohnheit war, zum Ölberg zu ziehen und die Nacht dort mit seinen Jüngern zu verbringen. Als er aber dort angekommen war, da sprach er zu den Seinen: „Betet und gebt acht, dass ihr nicht in Versuchung durch die Mächtigen geratet, denn ihre Gesten gleichen der Verlockung, um euch zu entzweien."
Und er selbst zog sich etwas abseits zurück, um allein zu sein, da es Zeit war, dass alles geschehen würde. Und der Menschensohn kniete nieder und er vernahm in sich selbst, dass er bereit war, das Werk zu vollbringen, um den Geist des neuen Wortes zu erwecken und den Glauben an ihn und den unbenannten Gott zu vollenden. Es kam aber ein Engel zu ihm, der ihn ansah und vor ihm kniete, um den Willen des Menschensohns zu erfragen. Und der Menschensohn sprach laut zu sich

selbst: „Gott im Geist des Wortes, wenn du willst, so lass das, was kommen muss, an mir vorüberziehen. Doch nicht mein Wille soll die Taufe vollenden, sondern dein Ansinnen geschehe."

Und der Engel hielt seine Hand und stärkte ihn, dass alles geschehen würde, wie er es ihm aufgetragen hatte. Und der Menschensohn ließ den Engel erkennen, dass es geschehen solle, damit der Glaube an den einen Geist erstarke. Und er sprach zu ihm: „Geh Judas, tu das Werk, das der Menschensohn von dir erwartet."

Und der Engel ließ die Hände sinken und wandte sich ab von ihm, damit es gelingen konnte, was der Geist des neuen Wortes von ihm verlangte. Und Angst übermannte den Menschensohn und er ließ das Blut aus seinen Adern gleiten, damit die Qual der Mächtigen ihn nicht dazu verführen würde, den Geist des neuen Wortes zu verleugnen. So geschwächt, stand er auf und fand die Jünger tief in ihrer Traurigkeit versunken, da sie Furcht vernahmen im Geist vor dem neuen Tag. Er aber sprach zu ihnen: „Steht auf und betet, dass ihr nicht in Versuchung kommt."

Und der Engel hatte sich an die Ältesten und Hohenpriester gewandt, die ihn nicht erkannten, da er nach dem Willen des Menschensohns vor ihren Augen in der Stadt verborgen blieb. Und der Engel sprach zu ihnen: „Seht, da ist einer, der sich als Sohn Gottes ausgibt und Reden hält zur nächtlichen Zeit, um alles Volk gegen euch und das Werk Mose und der Väter zu wenden."

Und sie zürnten den Menschen, der solches tat, um das Werk Mose und der Väter zu schänden und sprachen: „Sage uns, wer dieser ist, der solches spricht gegen den Gott unserer Väter."

Und sie schauten einander an und fragten sich: „Ist dieser der Menschensohn, der solches spricht an dunkler Stätte und sind es viele, die seinem Wort folgen?"

Der Engel aber entgegnete ihnen: „Ich kenne nicht den, von dem ihr sagt, er wäre der Menschensohn. Aber dieser, der das Wort verkündet, spricht schlecht über das Ansehen der Hohenpriester und Schriftgelehrten."

Doch noch immer war die Furcht in ihrer Seele und sie sagten sich untereinander: „Wenn dieser der Menschensohn ist, von dem er spricht, und wir ihn töten, dann wird das Volk ihn als Propheten verehren und unser Ansehen wäre geschwächt."

Der Engel aber sprach zu ihnen: „Ihr lasst es also geschehen, dass einer sich als den Sohn Gottes benennt? Dann ist es also wahr, dass der, den ich meine, der Auserwählte ist und Kunde gibt vom Reich Gottes, damit die Mächtigen verstummen unter dem Ruf seiner Stimme."

Sie aber waren entsetzt und hielten dagegen: „Geh voraus und zeige uns den Mann, der diese Worte spricht, wir wollen ihn vor den Machthabern des Landes zerren, damit seine Stimme verstumme."

Und es war zu der Stunde, als der Menschensohn noch mit seinen Jüngern betete, da kam eine Volksmenge und ihnen voran schritt ein Engel, der sie führte. Und der Engel küsste die Stirn des Menschensohns, damit er erkenne, dass es vollbracht sei in seinem Geist. Und die Hohenpriester erkannten, dass der Engel einer der Jünger war, die den Menschensohn zur Seite standen, doch konnten sie nicht mehr von ihm ablassen, um nicht den Zorn der Volksmenge, gegen sich zu entfachen. So aber waren sie viele und sie sprachen: „Verkünde uns, wer ist der Mensch, von dem du sagst, was du zu uns gesprochen hast?"

Und der Engel ließ vernehmen: „Dieser, der sich der Menschensohn nennt, ist es."

Er aber sprach zu Judas, sodass alles Volk ihn hören konnte: „Durch einen Kuss hast du den Menschensohn in seinem Sinne überliefert."

Und die Jünger, die vernahmen, was geschehen würde, griffen nach den Schwertern und schlugen einem der Diener das rechte Ohr ab. Doch er ließ die Jünger innehalten und berührte mit seinen Worten viele unter ihnen, die ausgezogen waren, um den Menschensohn zu töten und auch das Ohr des Dieners war geheilt von seinem Schmerz, denn der Menschensohn hatte ihm das Rechte zu hören geboten, damit der Sturm der Seele sich legte. Doch die Menge im Volk war aufgebracht und der Menschensohn erkannte, dass es geschehen musste und entgegnete ihnen: „Heute seid ihr bei Nacht ausgezogen, um mit Schwertern und Stöcken mich zu ergreifen. Als ich aber im Tempel saß, da hattet ihr die Gelegenheit bei Tag, doch der Geist des neuen Wortes erfüllte euch mit Furcht."

Sie aber wurden zornig um der Wahrheit wegen, die er sprach, und ergriffen ihn und banden ihn, damit er ihnen nicht entfliehen konnte. Die Jünger aber, die ihm einst zur Seite standen, ergriffen die Flucht, da sie glaubten, dass der Geist des neuen Wortes verloren sei.

Und der Engel begab sich in die Abgelegenheit der Nacht, denn es war ihm gewiss der Lohn des Menschensohns, der sie einte zu einem Geist. Und es waren viele Stimmen in der Nacht, die seinen Namen riefen, denn sie wollten ihn als Zeugen, damit sie ein Urteil über den Menschensohn sprechen konnten. Doch der Geist des Engels war fest und stark im Glauben an die Auferstehung durch das neue Wort. Und es geschah, dass es vollendet werden sollte, dass kein Mächtiger über das Werk des Menschensohns triumphieren konnte, um den Geist des unbenannten Gottes zu entweihen. Und Judas begab sich in die Obhut des Todes, damit es niemanden gäbe, der sagen konnte: „Seht, das ist der Mann, der vom Menschensohn sprach, dass er sich als der Sohn Gottes ausgebe, um vom Wirken Gottes zu verkünden."

Und der Leib des Engels entglitt in die Nacht, doch der Geist war vereint im Menschensohn, der auch zu dieser Stunde das Opfer des Engels pries.

Der Menschensohn aber wurde in das Haus des Hohenpriesters geführt. Und in der Mitte des Hofes entbrannte ein Feuer und auch der Jünger Simon war unter ihnen, um zu sehen, wie es dem Menschensohn erginge. Und alles anwesende Volk richtete sein Angesicht auf den, der vor ihnen stand, doch es waren auch einige unter ihnen, die erkannten im Volk den Simon und sie sprachen: „Seht, auch er ist einer der Jünger des Menschensohns, die sein Werk preisen."

Simon aber entgegnete ihnen: „So wahr ich zu euch gehöre, dieser dort, den ihr gefangen haltet, ist nicht der Mensch, dessen Wort ich folge."

Es kamen aber auch andere hinzu, die sprachen: „Wir erkennen dich, du bist einer von ihnen, die im Tempel an seiner Seite saßen, um das Werk des neuen Geistes zu verkünden."

Er aber sprach: „Wenn dieser dort, der ist, dem ich folge, warum verurteile auch ich dann sein Handeln im Namen Gottes, den der Väter?"

Doch der Menschensohn blickte Simon an und es liefen Tränen aus seinen Augen, da er sah, wie wenig sie dem Geist des unbenannten Gottes zur Seite standen. Und Petrus gedachte an den Verrat des Judas und an das Wort, das der Menschensohn ihm verkündet hatte: „Der eine, der mich verraten wird, muss Größeres ertragen, als an meiner Seite zu stehen. Denn der unter euch, der es vollbringen wird, muss sich vor euch von mir abwenden, um das Werk zu vollenden. Ich sage euch: ‚Wer das gleiche Blut hat wie ich, ist würdig dieses Werk zu vollenden. Du aber Simon wirst mich verraten an dem Tag, wo ich von euch bin.'"

Und Simon erkannte in Judas den Engel, der unter ihnen der Stärkste im Handeln war, um das Werk der Taufe im Namen und im Geiste des Menschen zu vollenden. Und Simon verließ das Haus und weinte bitterlich, denn er vernahm, dass alles sich erfüllte, wie der Menschensohn es erdacht hatte.

Und es waren Männer aus dem Volk, die hielten den Menschensohn und schlugen und verspotteten ihn. Und es kamen andere, die hatten Umhänge dabei und sie verhüllten sein Angesicht und schlugen ihn und sprachen: „Weissage uns, wer dir Unrecht tat, denn du hast uns die Zukunft vorausgesagt, nun sprich Leichteres, wer von uns hat dich geschlagen?"

Und ein Lachen durchzog die Nacht und sie hörten erst auf, ihn zu verspotten, als der hohe Rat ihnen befahl zu verstummen. Und es wurden Männer ausgeschickt, die nach Judas Iskariot sahen, um ihn heranzuziehen und seine Anschuldigungen vor dem Rat und dem Volk zu verkünden. Doch Judas blieb ihren Augen verborgen, da er nicht mehr verweilte unter den Sterblichen des Landes, sondern vereint war im Geist des neuen Wortes. Und die Mächtigen sahen, dass es schlecht um ihre Anschuldigung stand und sie sprachen: „Wenn du der Christus bist, dann eröffne uns das Wort und lass es uns im Namen Gottes vernehmen."

Der Menschensohn aber entgegnete ihnen: „Wenn ich mich euch als Christus zu erkennen gäbe, würdet ihr mir nicht glauben, wenn ich euch aber danach fragen würde, dann würdet ihr mir nicht antworten. Doch von dieser Stunde an wird der Menschensohn sitzen zur Rechten der Macht Gottes."

Doch der hohe Rat und alles Volk sprach aufgeregt zueinander: „Dieser dort lästert unser Ansehen, indem er sich gleich mit dem Gott unserer Väter stellt. Dieser dort behauptet, er wäre der Sohn Gottes."

Er aber sprach zu ihnen: „Ihr sagt es; ich bin es."

Und die Menge schrie aufgebracht: „Was brauchen wir noch Beweise, wenn wir es selbst aus seinem Mund vernommen haben?"

Und die Mächtigen frohlockten: „Dieser dort hat sich selbst uns ausgeliefert, in seiner Überheblichkeit Gott zu gleichen."

Doch es gab auch andere unter ihnen die sprachen: „Wenn wir diesen dort steinigen, werden es seine Jünger im Land verkünden, wie es die Jünger des Johannes taten. Und sie werden sagen: ‚Ein Prophet, der unter uns weilte, wurde auf Befehl der Mächtigen von Jerusalem gesteinigt.' Und das Land wird mit einer Stimme rufen: ‚Die Mächtigen Jerusalems töten die Propheten Gottes, um sich vor seinem Zorn zu retten.'"

Und der hohe Rat vernahm das Wort und sie sagten sich untereinander: „Wir wollen ihn den Römern übergeben, damit sie ihn für uns töten."

Es geschah aber, dass alles Volk der Stadt sich erhob, um gemeinsam mit den Ältesten und Hohenpriester vor den römischen Stadthalter zu ziehen und Urteil zu fordern über den, der ihr Gefangener war. Und sie riefen laut nach seinen Namen und ließen verkünden: „Diesen dort, der sich als Menschensohn versteht, haben wir für schuldig befunden, das Volk zu verführen, indem er sich als König ausgibt und uns abhält, an den Kaiser Steuern zu zahlen."

Der Stadthalter aber ließ den Menschensohn zu sich führen und sprach: „Du hörst das Wort deiner Ankläger und du siehst den Zorn des Volkes, da du dich als das ausgibst, was dir nach ihrem Ermessen nicht zusteht. Doch siehe selbst, ist es nicht so, dass ein König von seinen Untertanen geliebt wird und Macht hat, sie vereint als Volk zu führen?"

Und er richtete erneut das Wort an ihn und sprach: „Ist es wahr, bist du der König der Juden?"

Der Menschensohn aber vernahm das Wort und entgegnete: „Du sagst es, doch mein Königreich ist nicht von dieser Welt."

Als der Stadthalter aber das Wort vernahm, da hatte er Mitleid mit dem Mann, der nach seinem Ermessen nicht Herr war über seine Sinne. Und der Stadthalter entgegnete: „Ich sehe keine Schuld an dem Mann, von dem ihr sagt, er gebe sich als ein König aus, noch sehe ich eine Streitmacht hinter ihm, die den Kaiser fordert."

Doch das Volk bestand auf seine Schuld und schrie erneut: „Er wiegelt das Volk auf und lehrt einen falschen Glauben."

Der römische Stadthalter aber sah, dass alles Volk, vom hohen Rat bis zum kleinsten Diener, nach dem Leben des Mannes trachtete. Und der Stadthalter fragte sich: „Wenn wir diesen dort im Namen des Kaisers töten, wird es im Land dann nicht heißen: ‚Die römische Macht tötet die Propheten Gottes?'"

Und der Stadthalter sprach zu ihnen: „Dieser Mann dort ist ein Fremder in der Stadt und gehört in die Rechtssprechung König Herodes."

Und alles Volk der Stadt erhob sich, um gemeinsam mit den Ältesten und Hohenpriester vor den König Herodes zu ziehen, um Urteil zu fordern über den, der ihr Gefangener war. Als aber Herodes den Menschensohn erblickte, da erfreute sich sein Geist, denn er sah sein Werk vollbracht und den Propheten in seinen Händen. Und Herodes ließ sich die Anschuldigungen vortragen und befragte den Gefangenen, der stumm und verschwiegen den Blick nicht erhob. Herodes aber dachte bei sich: „Wenn schon der Stadthalter diesen dort nicht für schuldig befunden hat, was wird das Volk dann sagen, wenn unter ihnen die Ansicht sich verbreitet, dieser dort ist ein Prophet Gottes, der Gott der Väter? Sie werden sagen: ‚Was ist das für ein König, der die Propheten tötet, um sich selbst über den Gott der Väter zu stellen?'"

Und Furcht übermannte Herodes und er verspottete den Menschensohn und ließ allerlei Unrecht an ihm vollbringen, um sein Ansehen im Volk zu wahren. So aber schickte er den Gefangenen zurück zum Stadthalter und sah sich nicht in der Verantwortung, ein Urteil über den Mann zu fällen. Und der römische Stadthalter und König Herodes trafen einander und besprachen sich mit den Worten: „Die Priester, Ältesten und Schriftgelehrten haben das Volk in der Hand und fordern den Tod des Mannes, den man Menschensohn nennt. Wenn wir ihn aber verurteilen, werden sie sagen: ‚Dieser dort war ein Prophet.' Und das Volk wird sich gegen uns erheben und die Priester, Ältesten und Schriftgelehrten in ihrer Macht bestärken. Wenn wir aber uns ihren Willen verweigern, dann werden sie sagen, wir hätten Furcht vor dem Mann, den sie gefangen halten, und das Volk wird aufbegehren, da es uns als schwach und träge ansieht."

Und der Stadthalter und König Herodes kamen zu der Einsicht mit den Worten: „Soll das Volk so handeln, dass sie selbst Urteil sprechen über den Gefangenen und uns keine Schuld treffe an seinem Tod. Denn sollte das Volk sagen, dieser dort war ein Prophet, so wären wir ohne Schuld an seinem Tod und in unserem Ansehen gestärkt, da wir ihn nicht verurteilten."

Und der römische Stadthalter und König Herodes vereinten sich im Geist und sie handelten gemeinsam nach ihrem Ermessen.

Und der Stadthalter ließ die Hohenpriester,

Schriftgelehrten und das Volk zusammenrufen und sprach: „Ihr habt diesen Mann der Macht Rom übergeben und ich konnte kein Urteil über ihn fällen, das ihn hätte schuldig sprechen können. Und ich schickte euch zu Herodes, doch auch er fand keine Schuld an diesem Mann, da nichts Todeswürdiges an ihm ist. Ich will ihn nun züchtigen und danach freigeben, denn es wäre Unrecht ihn weiter gefangen zu halten."

Doch alles Volk schrie, angefacht von den Mächtigen und Hohenpriester: „Dieser dort hat Gott gelästert und sich als König ausgegeben und verdient den Tod."

Der Stadthalter aber sah, dass es ihnen ernst war und sie den Tod des Mannes forderten. Und er ließ sie verstummen und sprach zu ihnen: „Was hat dieser böses getan, dass ich ihn mit dem Tode bestrafe? Ist dieser dort gleich wie einer, der Menschen tötet, oder hat dieser dort es einem gleich getan, der mit Gewalt einen Aufruhr anführt?"

Sie aber waren wie betäubt in ihrer Wut und angefacht durch den Willen der Mächtigen und schrien: „Kreuzige ihn!"

Der Stadthalter aber sprach: „So ist es der Wille

dieses Volkes, dass ich diesen Mann mit dem Tod bestrafe in eurem Namen, in eurer Schuld an seinem Leben."

Und das Volk und die Hohenpriester, Ältesten und Schriftgelehrten führten den Gefangenen an den Ort der Hinrichtungsstätte, damit ihr Urteil sich erfülle. Und es waren dort einige unter ihnen, die sahen, dass der Leib des Menschensohns ohne Kraft und Nahrung war und sie sprachen zueinander: „Ein anderer, mit dem Namen Simon von Kyrene, soll die Last des Kreuzes bis an den Ort tragen, an dem das Urteil sich vollstrecke."
Und Simon erhob das Kreuz und trug es zu dem Ort, der im Volk als Schädelstätte bekannt war, damit der Menschensohn nicht weiter kraftlos ihnen entglitt. Und das Volk verspottete den Gefangenen und sie riefen lautstark zueinander: „Seht, dort kommt der König der Juden, lasst uns ihn an das Kreuz binden, damit er aus der Höhe sein Königreich überblicke."
Aber es waren auch einige Frauen im Volk, die hatten Mitleid mit dem Menschensohn und sprachen: „Wir wollen weinen um den Menschen, der

dort zu unrecht das Urteil der Väter vernommen hat."

Und der Geist des Menschensohns vernahm ihre Worte und er wandte sich zu ihnen und sprach: „Töchter Jerusalems, weint nicht über den, von dem alles Volk sagen wird, der Auserwählte Gottes wurde durch Menschenhand getötet. Weint lieber über euch selbst und eure Kinder. Denn die Nationen werden kommen, um zu richten über jene unter euch, die mächtig waren und den Geist des unbenannten Gottes verspotteten. Denn das neue Wort wird auferstehen und über den Mächtigen herrschen und es wird heißen: ‚Gesegnet sind die Unfruchtbaren, denn ihnen steht keine Schuld zu an dem Werk der Väter.' So weint nicht über das Urteil, denn es muss geschehen, dass die Taufe gelinge und die Nationen erkennen, dass die Wahrheit, vom Tode erwacht, im neuen Geist des Wortes lebe."

Es wurden aber auch zwei andere Gefangene mit ihm zu dem Ort der Hinrichtungsstätte geführt und sie waren Übeltäter und ließen es wortlos geschehen.

Als es aber geschah, dass sie den Ort erreichten, da kreuzigten sie den Menschensohn und die beiden Übeltäter. Den einen zu seiner rechten und den anderen zu seiner linken Seite. So aber errichteten sie das Kreuz und der Anblick des Menschensohns war gepeinigt vom Schmerz der Qual und von dem Wissen um seinen nahen Tod. Er aber sprach das Wort in die Stille des Landes: „Der du mich erschaffen hast nach deinem Sinn, vergib ihnen ihr Handeln, denn sie gleichen Kindern und wissen nicht von dem, was sie tun."

Und es hörten die Mächtigen das Wort und sie bedrängten das Volk und sprachen: „Wenn dieser dort der Auserwählte Gottes ist, warum rettet er sich nicht selbst?"

Und andere aus dem Volk verkündeten: „Er hat viele aus ihrer Not befreit, nur sich selbst kann er nicht vom Kreuz befreien."

Und auch die Soldaten, die anwesend waren, verspotteten ihn und sprachen: „Wenn du der König der Juden bist, dann ist es nun Zeit, dass du deine Streitmacht rufst, um deine Peiniger zu töten."

Und sie brachten ihm Essig zu trinken und riefen lautstark: „Wir wollen dir einschenken vom Trank der Könige, damit du siehst, wie alles Volk dir diene."

Und auch einer der Gekreuzigten lästerte ihn und sprach: „Du bist der Auserwählte Gottes, so helfe dir und uns."

Der andere Übeltäter aber entgegnete ihm: „Schweig, denn wir haben Übel getan in unserem Leben, aber dieser dort, der Menschensohn genannt wird, ist ohne Schuld."

Und sein Blick heftete sich an den Menschensohn und er sprach zu ihm: „Wenn du der Auserwählte Gottes bist, dann gedenke meiner."

Der Menschensohn aber entgegnete: „Ich sage dir, noch heute wird dein Geist frei sein von aller Schuld und allem Schmerz und du wirst eingehen in das Haus deiner Herkunft. Doch der Geist des neuen Wortes wird von den Toten auferstehen und auch du wirst durch diesen Geist ewig in dem Wort der Gerechten leben. Denn es werden Tage anbrechen, an dem die Schuld erstarren wird vor dem Ausruf des Gerechten. Und wenn diese Zeit anbricht, dann wird der unbenannte Gott sein Wort erneut verkünden."

So spreche ich zum Vater: „Ich, Jesus, der Menschensohn, verurteilt von den Mächtigen zum Tode, blicke hinab in das Land, das dürstend nach Gott, dem Lichthauch der Sonne, sich verweigert. Doch ihre Tempel werden wanken und ihr Vorhang sich entzweien. Denn es ist der Vater, der unbenannte Gott des neuen Wortes, in dessen Hände ich meinen Geist entrichte. Dort, wo der Mächtige steht, wird der neue Geist den Schwachen stärken. Denn mit meiner Taufe habe ich Gottes Sinn gefestigt. Gleichwohl sie auch meinen Leib töten, so wird das Wort auferstehen, um zu richten über die Lebenden und das Werk der Vergangenheit, das der Toten. Und die Kinder, von der Hand der Mächtigen geknechtet, werden verkünden: ‚Seht dort diesen Menschen und vernehmt sein Wort. Ist es nicht gleich dem Wort des Menschensohns?' Und es wird heißen in aller Munde: ‚Gelobt sei das Wort der Propheten, denn der Geist des Menschensohns ist auferstanden in dem Mann, der gerecht ist.' So aber wird der Vorhang sich entzweien, um das Wort der neuen Zeit. Denn der Auserwählte muss leiden und sterben, damit der Geist des unbenannten Gottes von den

Toten auferstehe und lebendig werde im neuen Wort. Denn werde es auch nicht ich sein, der vor ihnen steht, so wird es doch der lebendige Geist des neuen Wortes sein, der von Gott zu ihnen ausgesandt wurde, um uns gemeinsam im lebendigen Geist zu vereinen. Wer aber Anteil nimmt an diesem Wunder, der wird ewig leben im Wort des Gerechten. So wird auch der tote Leib des Menschensohns durch die Hand eines Engels vor dem Angesicht der Menschen verborgen sein. Damit das Wunder des lebendigen Geistes nicht durch den Leib des Propheten erwache, sondern aus dem Wort seines Wirkens. Denn der unbenannte Gott wird den Namen des lebendigen Geistes tragen. Er ist der Geist der Naturen, die im Einklang stehen mit dem Leben. So stirbt auch mein Leib, doch nicht der lebendige Geist meiner Worte. Denn ich, Jesus, der Menschensohn, verurteilt von den Mächtigen zum Tode, blicke hinab in das Land, das dürstend nach Gott, dem Lichthauch der Sonne, sich verweigert. Doch ihre Tempel werden vor dem neuen Wort wanken und ihr Vorhang sich entzweien."

"Eli, Eli, lama sabachthani!"
„Gott, mein Gott, warum hast du mich verlassen!"

So spreche ich das hoffende Wort, das aus dem lebendigen Geist des Lebens dich preist. So erhöre meine Stimme, mein Gebet, meine Zuflucht in deine Herrlichkeit. Dir zu Ehren spreche ich das neue Wort: „Der du meinen wahren Geist erschaffen hast, dir sei alle Ehre. Dein wahrer Sinn wirke in uns und sei uns Nahrung. Lass uns unser falsches Werk vernehmen und vergeben, denn auch wir vergeben dem Werk der Falschheit und stärke unser wahres Wort. Ja, stärke unser wahres Wort..."

Zum Autor

Alexander Neufeld, 1970 in Nordhorn geboren,
lebt seit 1984 in der Hansestadt Lübeck.
Mehrfacher Buchautor in den Bereichen Belletristik und Religionsphilosophie.
Zahlreiche Publikationen in Zeitungen und Anthologien.

Wettbewerbe / Preise

2010 und 2011 Teilnahme am Publikumspreis des
Verbandes „Schriftsteller in Schleswig-Holstein
e.V."
Mehrfacher Preisträger der Bibliothek deutschsprachiger Gedichte.

Mitgliedschaft

Der Autor ist Mitglied im Verband Schriftsteller
in Schleswig-Holstein e.V.

Alexander Neufeld bei BoD

Zeilenglut - Spirituelle Weisheiten
ISBN 978-3-8370-5138-4
*2009. 80 Seiten. Hardcover **15,99 €***
Auszug:
Man glättet nicht die Wogen der Sehnsüchte in einer Brandung voller Emotionen.

Zur Quelle tropfend - Lyrik
ISBN 978-3-8370-4208-5
*2008. 60 Seiten. Paperback **5,95 €***
Auszug:
zwei augen im nebeldunst
das eine zeichnet
das andere spricht

Gedankensplitter - Zitate
ISBN 978-3-8370-2798-3
*2008. 52 Seiten. Paperback **3,50 €***
Auszug:
Ohne die Grundlage unserer Vergangenheit wäre jede Zukunft ein unvollendeter Schritt.

Maren Neufeld bei BoD

Ein Wort aus naher Ferne - Lyrik
ISBN 978-3-8391-1234-2
2009. 60 Seiten. Hardcover 12,95 €
Auszug:

Vom Leben erschlagen
Im Warteraum der Zeit,
gefesselt hoffend
auf Erlösung

Ewigkeit kennt keine Grenzen

Franziska Neufeld bei BoD

Schattenwinde - Lyrik
ISBN 978-3-8391-2033-0
2009. 52 Seiten. Hardcover 14,90 €
Auszug:

leise
öffnet sich das tor
zu den himmelssphären
des gottes
dessen name
ich da kenne
aus dem bilderbuch
meiner gedanken